文史哲學集成

袁冀著

# 元代舉微探隱集

文史哲出版社印行

國家圖書館出版品預行編目資料

元代舉微探隱集 / 袁　冀著. -- 初版 -- 臺北
市：文史哲，民 109.05
頁；　公分（文史哲學集成;730）
ISBN 978-986-314-509-7（平裝）

1.元史 2.史學方法

625.708　　　　109007539

文史哲學集成 730

# 元代舉微探隱集

校注者：李國勝
出版者：文史哲出版社
http:// www.lapen.com.tw
e-mail：lapen@ms74.hinet.net
登記證字號：行政院新聞局版臺業字五三三七號
發行人：彭正雄
發行所：文史哲出版社
印刷者：文史哲出版社
臺北市羅斯福路一段七十二巷四號
郵政劃撥帳號：一六一八〇一七五
電話886-2-23511028・傳真886-2-23965656

實價新臺幣三八〇元

二〇二〇年（民一〇九）五月初版


ISBN 978-986-314-509-7　　01730

# 自序

作者年已逾耄，為免體力不堪荷負，乃選元代事涉不廣，微而不顯，如海東青，秦吉了，押不蘆，金蓮川，阿剌吉，女人國，偏嶺，中都，撒花，黃鼠，鮓畣，貴赤，王著等，均累見於元詩，元代宮詞，上都雜咏，及扈從，驛赴上都，沿途所經之吟咏，其中，尤以楊允孚之「灤京雜咏」，張　昱之「塞上曲」，周伯琦之「扈從集」為然。何以皇家如此重視，文翰多所吟咏？因試加探討，以深入瞭解其風貌，形勢，特色之情形。而隱而不明，如朮赤之身世，拖雷之死，明宗之暴崩，均疑點重重。蒙古之族屬，諸家之說紛云，且未言明其依據為何。故試加分析其原由，陳述其始末，以概見其真象，或另一觀點之論證。其中「元朝秘史」，「元史續編」，元史明宗文宗本紀，漢書，北史，唐書，蒙韃備錄，黑韃事略，則為尤要。因所論皆微而不顯，隱而不明。且多見於元詩，或史論不彰者，故名為「元代舉微探隱集。」

五十年前，作者曾發表，悉由元詩，組成之論文多篇。認為治史，當旁及當代之詩集，以擴大史學研究之範疇，愚意亦認為，治史亦當及於當代，微而不顯，地、事、物之探討，以加深增廣，事無巨細，史學之研究。浮淺之見，或不無可取之處，敬祈方家賜教焉。

**袁　冀**　序於新竹寓所

民國一〇七年七月　時年九十六

# 元代舉微探隱集

## 目次

## 一　秦吉了

元代有吟秦吉了詩。

元詩選二集卷十九「東郭生郭翼、五禽言」：「秦吉了，秦吉了，人言汝是能言鳥。嘲啁觜舌長賣弄，言語巧，野人張羅在林杪。富貴一落樊中羈，不如兩翅盤中嬉。」

歷代亦有詩，以詠此鳥。

唐張籍，張司業集卷五「崑崙兒」、「崑崙家住海中州，蠻客將來漢地遊。言語解教秦吉了，波濤初過鬱林洲。金環欲落曾穿耳，螺髻長拳裹頭。自愛肌膚黑如漆，行時半脫木綿裘。」

宋陳著，本堂集卷二十二「用前韻自述」：「憶昔微官玷瞽宗，歸來十載坐山窮。話不必清秦吉了，餓猶未死信天公。餘生趯趯只如此，看取東坡賦二蟲。」

明高啟，大全集卷十「詠苑中秦吉了」：「不獨能言異凡鳥，最愛佳名呼吉了。雕籠幾度學雞鳴，驚起煙花六宮曉。駕來別院未知迎，先聽遙呼萬歲聲。願把春風一杯酒，從今莫聽上林鶯。」

秦吉了，大如鸜鵒，體形亮麗，彩羽青黑，閃閃有光。花頸，黃肉冠，觜耳脚皆紅。頂尾分縫若人髮，兩翅稍皆白翎。

白香山詩集卷四「長慶集四、秦吉了、哀冤民也」，「秦吉了，出南中，彩毛青黑，花頸紅耳。」

本草綱目卷四十九「禽之三、附錄秦吉了」：「大如鸜鵒，紺黑色。夾腦有黃肉冠，如人耳，丹味，黃距，人舌，人目。目下連頸，有深黃文，頂尾有分縫。」

按咮，口也。距，爪也。紺，青紅也。

嶺表錄異卷中：「秦吉了，似鸚鵡，嘴脚皆紅，兩眼後，夾腦有黃肉冠。」

秋澗集卷四十二「宮禽小譜序」：「秦吉了，狀如大鸚鵒，毛羽青黑，閃閃有光，兩翅稍，皆白翎。」

桂海虞衡志：「志禽」：「秦吉了，如鸚鵒，紺黑色，丹咮，黃距，目上連頂，有深黃文，頂毛有縫，如人分髮。」

飼以熟雞蛋，拌飯如棗。

嶺表錄異卷中：「秦吉了……，以熟雞子，和飯如棗飼之。」

善效人語，與言無不通。語音雄烈，若丈夫。較之鸚鵡，智慧尤高。

白香山詩集卷四「長慶集四、秦吉了、哀冤民也」：「秦吉了……，聰心慧舌，端巧鳥。語人言，無不通。」

桂海虞衡志：「秦吉了……，能人言，比鸜鵒尤慧。大抵鸜鵒聲如女兒，吉了聲如丈夫。」

嶺表錄異卷中：「秦吉了……，善效人言，音雄大分明於鸜鵒。」

秋澗集卷四十二「宮禽小譜」：「秦吉了……，聲雄烈，善作人語。」

竟能辨別漢蠻，拒夷屬漢，殊令人大出意外。

讕言長語：「瀘南有畜秦吉了者，能作人言，夷酋欲以錢十萬買之。其人告以貧，欲賣之。秦吉了曰：我漢禽也，不願入蠻夷山，不食而死。」

產於嶺南，容，管，廉，邕，白，諸州溪峒中。

本草綱目卷四十九「禽之三、附錄秦吉了」：「出嶺南，容，管，廉，邕，諸州峒中。」

嶺表錄異卷中：「容，管，廉，白州，產秦吉了……。或云：容州有純色者，未見也。」

桂海虞衡志：「秦吉了……，出邕州溪峒中。」

又有白赤吉了，珍禽瑞鳥也。

北戶錄「赤白吉了」、「昔年普寧，有廉州民，獲赤白吉了，各一頭，獻於刺史者。其赤者尋卒，白者久而能言。凡笑語悉，皆斆人，斯珍禽也。愚按：雲物上瑞，鳥獸中瑞，草木下瑞。夫聖人至德所臨，則嘉祥必見，故前有引，赤雀白雀，赤烏白烏，赤鷰白鷰之流，眾矣。瑞應圖曰：赤雀瑞鳥也……。今因錄赤白吉了，亦請附焉。」

秦吉了，亦名了哥，吉了，結遼鳥。

本草綱目卷四十九「禽之三、附錄秦吉了」：「時珍曰，即了哥也。唐書作結遼鳥，番音也。」

大全集卷十「詠苑中秦吉了」：「不獨能言異凡鳥，最愛佳名呼吉了。」

桂海虞衡志：「秦吉了……，出邕州溪峒中。唐書林邑，出結遼鳥。林邑，今占城，去邕欽州，但隔交趾，疑即吉了也。」

## 二　海東青

海東青，以來自海東而得名。

契丹國志卷之十「天祚皇帝上」：「大慶四年……，女直東北，與五國為鄰。五國之東，鄰大海，出名鷹。自海東來者，謂之海東青。」

大金國志卷之三十九「初興風土」：「女真，在契丹東北……，土產人參，蜜蠟，北珠……。禽有鷹，鶻，海東青之類。」

小而俊健，為羽中之虎，善擒天鵝。一飛千里，旋飛雲宵。爪白者尤異，價數十金。

草木子卷四「談藪篇」：「海東青，鶻之至俊者也……。善擒天鵝，飛放時，旋風羊角而上，直入雲際。」

秋澗集卷八十四「烏臺筆補、為春秋時預期告諭事狀」：「海東青飛舉，動輒千里。竊恐遠方之人，不知係是車駕飛放禽羽……。」

湛淵集「續演雅十詩」：「海東羽中虎，燕燕能制之。小隙沈大舟，關尹不吾欺。」

契丹國志卷之十「天祚皇帝上」：「大慶四年……，海東青，小而俊健，能擒天鵝，爪白者，尤以為異。」

元詩記事卷十七「柯九思宮詩十五首」：「元戎承命獵郊坰，敕賜新羅白海青……。」自注：「海青者，海東俊鶻也。白者尤貴，有數十金者。」

柳邊紀略卷十三「海東青者，鷹品之最貴者也。純白為上，白而雜他毛者次之，灰色者又次之。」

純白者為上，雜他色毛者次之，灰色者又次之。

因色白，故又稱白鶻，白海青，白鷳。

收庵集卷十四「平章政事蒙古公神道碑」：「海東青雜骨，先朝多或十賜，惟至白鶻，觜爪玉如，……，皆殊錫也。」

靜春堂集卷二「白海青」：「尚方有賜江浙省臣，白海青者，杭州人士，美以歌詩，徵余同賦。」

歷代宮詞二卷「明周王一百首」：「諸方貢物殿前排，召得鷹坊近露臺。清曉九關嚴虎豹，遼陽先進白鶻來。」

爪白，又稱玉爪駿。

靜修集卷十六「白海青，一名玉爪駿」：「扶餘玉爪舊曾聞……，霜拳高興在空雲。」

雙溪醉隱集卷二「放鷹詞」：「唧蘆遠避駕鵝聲，人間多避海東青……。」註：「司隼，聆駕鵝聲，其目可擊者，即縱海青，或失駕鵝，必及他禽。」

為猛禽，故亦稱之為鷹。

契丹國志卷之十「天祚皇帝上」：「大慶四年……，海東青……，遼人酷之，歲歲求之女真。女真至五國戰鬥，而後得，女真不勝其擾。及天祚嗣位，責貢尤苛。天使所至，需索於部落，稍不奉命，召其長加杖，甚者誅之。諸部怨叛，潛結何骨打，至是舉兵伐遼。」

契丹人，酷愛之。需索無度，激女真人叛之，亡其國。

松漠記聞：「遼盛時，銀牌天使，至女真，每夕，必欲薦枕者。其國舊輪中下戶，作止宿處。以未出適女，待之。後求海東青，使者絡繹。恃大國使命，惟擇美好婦女，不問其有夫，及閥閱高者，女真浸忿，遂叛。」

蒙人以牧獵為生，雖定鼎中原，然每年，仍有春水秋山之習。春水，即春季獵水禽於湖蕩，謂飛放。

元史卷一百一「兵志、鷹房捕獵」：「冬春之交，天子或親幸近郊，縱鷹隼搏擊，以為游豫之度，謂之飛放。」

歷代宮詞二卷「明周王一百首」：「湖上駕鵝映水湖，海青常是內官擎。三宮皇后從鑾駕，輦內開簾看放鷹。」

可閒老人集卷二「輦下曲」：「天朝習俗樂從禽，為按名鷹出柳陰。立馬萬夫齊指望，半空鵝影雪沈沈。」

因愛之，故設鷹房，置鷹師，以養護之。

元史卷一百一「兵志、鷹房捕獵」：「元制，自御位，及諸王，皆昔寶赤，蓋鷹人也……。御位下打捕鷹房官，一所權官張元，大都路寶坻縣置司，元額七十七戶。」

更設鷹房萬戶，掌此龐大機構。

元史卷一百三十四「小雲石脫忽憐，八丹附」：「小雲石脫忽憐……，子八丹，事世祖，為寶兒赤，鷹房萬戶。」

飼養之豐，食用新羊肉，無則殺雞以食之。一日之費，為鈔五兩。

大元國朝聖政典章「典章十六、戶部二、官吏、應副鷹鶻分例」：「至元八年八月……，合喂鷹食，今約量擬定下項數目。仍食用新羊肉，如無新羊肉，殺與雞者，省府除外，照驗施行。海青兔鶻，早晨二兩，後晌三兩。鷹兒鴉鶻，早晨一兩，後晌二兩。」

草木子卷四「雜俎篇」：「打捕鷹坊萬戶府，歲用喂養肉三千餘萬斤。」

遼陽至京二十四驛，進海東青，乘車，例飼羊一百二十頭。

元明事類鈔三十七卷「海東青」：「元史，遼陽省，進海東青，二十四驛，每驛給牛六頭，使者食米五石，鷹食羊五口。」

待制集卷二「乘海東青車過赤城鵰窩」。

飛放時，所飼之海東青，擒獲頭鵝，鷹師賞鈔五十錠，或黃金一錠。

草木子卷四「談藪篇」：「海東青……飛放時……，能得頭鵝者，元朝官賞鈔五十錠。」

輟耕錄卷一「寶保齊」：「寶保齊，鷹房之執役者。每歲以所養海東，有獲頭鵝者，賞黃金一錠。」

按：一錠五十兩。

盖海東青，皆繫銀製脚環，上書屬主，鷹師之名。

馬哥孛羅遊記「這裏講大可汗，如何去打獵，捉野獸和飛禽」：「所有大可汗，同他貴官的鳥，都在他們的脚上，帶有小的銀牌，上面寫著屬主，和看守人的名字。」

鷹師之獲寵，竟致病賜鈔千錠，封國公。

元史卷三十「泰定帝二」：「四年春……甲寅，鷹師脫脫病，賜鈔千錠。」

元史卷二十八「英宗二」：「三年……二月……戊午，封鷹師不花，為趙國公。」

更以之賞賜功臣，以示榮寵。

牧庵集卷十四「平章政事蒙古公神道碑」：「賜……白鶻……。聖語曉曰：是禽，惟朕及鷹師所鞲。以卿世臣，諸孫宣力之多。日桑榆矣，無以娛心。河南治地，平衍而遠，且多陂澤。鵝鸛所集時，出縱之，使民得見，昭代春秋，蒐田之盛。」

海東青，雖猛禽，然受制於群燕。

湛淵集「續演雅十詩」：「海東羽中虎，燕燕能制之……。」自注：「海青俊禽也，而群燕緣撲之，即墜，物受所制，無大小也。」

蓋天地間，生一物，必有一物克之，即所謂天敵是也。

草木子卷一「觀物篇」：「鷹鸇能搏鴐鴈，而反受逐於鶺鴒，非其力不及也，智不及也。崖鶻能搏鶬鷺，而不能得飛鴿，非其飛不能及也，不能頡頏也。由此觀之，物皆智相制，不獨以力也。」

古今說海卷八十九「蝸牛不獨能伏蝎，亦能制蜈蚣。蜈蚣始見蝸牛，則不能復去。蝸牛徐登其背，以涎繞之，其足盡落。」

## 三　白翎雀

白翎雀，塞上鳥，如鶺鴒而小，有白翎故名。

口北三廳志卷十四「藝文志三、白翎雀」：「塞上鳥，如鶺鴒而小，有白翎因名。」

有兩類，一為色黃，黑頸圈，白翅，一為通體皆白。每年五六七月，各孵一次。每次一至五個唯孵一隻者最佳。生於草地巢中，各區皆有，惟三區最多。

張化縣志卷四「物產志、動物、野禽、白翎」：「黃土色、黑脖圈，白翅……。一種類，有白翎，有白白翎……。每年孵三次……，五六七月，各孵一次。每次一至五個不等，惟一個最佳。各區皆有之惟三區最多，均在草地窩內產生之。」

輟耕錄卷二十「白翎雀」：「白翎雀……，生于烏桓朔漠之地。雌雄和鳴，自得

慣於雌雄和鳴，自得其樂。

其樂……。」

雁門集卷四「白翎雀」：「凄凄幽雀雙白翎，飛飛只傍烏桓城。平沙無樹巢弗營，雌雄為樂相和鳴。君不見，舊日輕盈舞紫燕，鴛鴦鎖老昭陽宮。風暄芍藥春可憐，露冷芙蓉秋莫怨。」

石田集卷四「白翎雀歌」：「烏桓城下白翎雀，雌雄相呼以為樂。平沙無樹託營巢，入夜雪深黃草薄……。」

逐騎嬉戲，隨馬舞鳴。

金臺集卷二「塞上曲」：「烏桓城下雨初晴，紫菊金蓮漫地生。最愛多情白翎雀，一雙飛近馬邊鳴。」

灤京雜咏：「鴛鴦坡上是行宮，又喜臨岐象馭通。芳草撩人香撲面，白翎隨馬叫晴空。」自注：「由黑圍至此，始合轍焉，即察罕諾爾。白翎，草地所產。」

群呼覓食，雙雙求飲。

王忠文集卷三「白翎雀圖」：「白翎雀，雪作翎，群呼旅食啁哳鳴。何人翻作弦上聲，傳與江南士女聽。南人聽聲未識形，畫師更與圖丹青。圖丹青，一何似，知爾之生何處是，秋高口子草如雲，風勁腦兒沙似水。」

可閒老人集卷一「白翎雀歌」：「烏桓城下白翎雀，雄鳴雌隨求飲啄。有時決起天上飛，告訴生來羽毛弱……。」

體小羽弱，庭院度清秋。

灤京雜咏：「仙娥隱約上簾鈎，笑倚闌干出殿頭。鸚鵡臨階呼萬歲，白翎深院度清秋。」

復善鳴，能學百鳥之音。清代園沼，閨閣，多畜之。鳴之巧者，一雀數金。

口北三廳志卷十四「藝文三、白翎雀」：「白翎雀……，雌雄和鳴可聽，京師園沼，閨閣中，多畜之。鳴之巧者，一雀數金。」

張北縣卷四「物產志、動物、野禽」：「白翎……舌最尖，能學百鳥之音。」

隆至民國，每隻數百元，各省縣皆來購之。

張北縣卷四「物產志，動物、野禽」：「白翎……每隻在數百元之譜……，各省縣皆來購之。」

白翎雀，亦教坊大曲之名。蓋世祖春水柳林，聞婦哭甚哀。明日，白翎雀，群鳴幹兒朵上，其聲類哭婦，因命伶人碩德閭製曲，名白翎雀，上曰：何其未有怨怒哀嫠之音。時譜已傳，故至今卒未能改。

鐵崖古樂府卷七「白翎鵲辭」：「按國史脫必禪曰：世皇畋于柳林，聞婦哭甚哀。明日，白翎鵲飛集幹朵上，其聲類哭婦，上感之，令侍臣製白翎鵲詞……。按「幹朵」，乃「斡朵」之誤。

輟耕錄卷二十「白翎雀」：「白翎雀者，國朝教坊大曲也……。白翎雀……，雌雄和鳴，自得其樂。世皇因命伶人碩德閭製曲以名之。曲成，上曰：何其未有怨怒哀嫠之音乎？時譜已傳，至今卒莫能改。」

楊維禎又言，白翎雀，善擒天鵝，能制猛獸。顯稱白翎雀，即海東青。海東青，又名白翎雀。

鐵崖樂府卷七「白翎雀鶻辭」：「按國史脫必禪曰：世皇……令侍臣製白翎鶻詞。鶻能制猛獸，尤善禽駕鵝者也。」：「白翎雀西極來，金為冠，玉為衣。白鳥見之不敢飛，雄狐猛虎愁神機。先帝親手韝，重爾西方奇。海東之青汝何為，下攫草間雉兔肥，奈爾猛虎雄狐狸。」

然宋之葉隆禮，宇文懋昭，元之劉因，耶律鑄，馬祖常，姚燧，袁易，柯九思，白珽，王惲，張昱，柳貫，袁桷，及明清之陶宗儀，葉子奇，明周王，姚之駰，均稱海東青，海青，白海青，白鶻，白鶥，為名鷹。無一稱海東青，為白翎雀者。且元明事類鈔，將海東青，白翎雀，分列鷹雀，視為類別不同。

復綜合楊允孚，張昱，薩都剌，納延，王褘，馬祖常，高士奇所言，白翎雀，善鳴，塞上鳥，草地所生，常見於上都一帶。雌雄和鳴，逐騎覓食，自由飛翔。無一言其來自西極，為猛禽。且海東青，鷹中極品，專人養護，安能平日外出覓食。故楊氏謂白翎雀，意即海東青，令人殊為置疑其誤。蓋海東青，出於東海，非來西極。

歷代宮詞卷二「明周王一百首」：「上都隨駕自西還，女伴遙騎駿馬來。踏遍路傍青埜韮，白翎飛上李陵臺。」

## 四　天鵝、駕鵝

蒙人有春水秋山之俗，春水，即春季獵水禽於湖泊。亦稱飛放。

秋澗集卷二十一「朝謁柳林行宮二詩并叙」：「至元癸巳二月四日，臣膺惲，臣文海，儼，居信，朝謁春水行宮，於瀘之柳林……。」

讀史方輿紀要卷十一「漷縣、棗林」：「柳林，在縣西，至元十八年，如漷州，又如柳林。是後，皆以柳林，為遊畋之地，建行宮於此。」

元史卷一百一「兵志、鷹房捕獵」：「元制……，冬春之交，天子或親幸近郊，縱鷹隼搏擊，以為游豫之度，謂之飛放。」

蓋各湖泊，水禽群集，種類繁多。如天鵝，駕鵝，野鴨，雁，鶴，雉，鴇鴟等。

扈從集「鴛鴦濼作」：「官路何逶迤，里數不可度……。鴟鷺雜翔集，巨鱗倏潛躍……。」

馬哥孛羅遊記「這裏講察罕腦兒城」：「我們走三天，到察罕腦兒城……，就是白沼……。水裏有許多天鵝，鴻雁……，富於鶴，雉，鷓，鴰，同許多別的鳥類，那裏捕鳥最方便。」

北征錄：「永樂八年二月初十日，上親征北虜……。初七日，早發興和，行數里……。有故城，名沙城，西北有海子，駕鵝，鴻雁之類，滿其中……。上又曰，適所過沙城，即元之中都。」

初為謀生，定鼎中原，皇家春水，旨在觀賞，擊鼓驚起水禽，騰空飛翔，縱海東青搏擊，以行樂。

金臺集卷二「塞上曲」：「馬乳新挏玉滿缾，沙羊黃鼠割來腥。踏歌盡醉營盤晚，鞭鼓聲中按海青。」

可閒老人集卷二「輦下曲有序」：「天朝習俗樂從禽，為按名鷹出柳陰。立馬萬夫齊指望，半空鶻影雪沈沈。」

馬哥孛羅遊記「這裏講大可汗如何去打獵捕捉野獸和飛禽」：「在他左右的貴官大聲喊，陛下，有鶴飛過去了。他聽到後，即揭開寢室的遮蓋物，來看鶴，他叫把所要的大鷹，命出來放出。這些鷹最後與鶴鬥爭，常常的把他們捉住。大可汗在床上看見，這種景緻，覺得非常快樂與歡娛。」

所獵水禽，以天鵝為貴，鴐鵝次之，其他，又次之。

天鵝，即鵠，又名鴻，遙翮，烏孫公主，黃鵠，丹鶴。

欽定古今圖書集成博物彙編禽虫典第十卷「鵠部彙考，釋名」：「鴻，詩經。遙翮，瑯環記。烏孫公主，瑯環記。天鵝，三才圖會。黃鵠，本草綱目。丹鶴，本草綱目。」

其鳴咭咭，因名鵠。體形似鶴而大，頭鵝重二三觔，故名天鵝。盖物之大者，輒以天名之。

本草綱目卷四十七「禽之一、鵠、釋名」：「天鵝。時珍曰：案師曠禽經云：鵠鳴鵠鵠，故謂之鵠。吳僧贊寧云：凡物大者，皆以天名。天者大也，則天鵝名義，蓋亦同此。」

欽定古今圖書集成博物彙編禽虫典第十卷「鵠部彙考，毛詩陸疏廣要、鴻飛遵渚」：「鴻鵠……似鶴而大。」

欽定古今圖書集成博物彙編禽虫典第十卷「鵠部彙考，三才圖會、天鵝」：「天鵝，即頭鵝。初至，有一巨者，為之首，重二三觔。」

羽毛純白而澤，或曰白鳥。頸長，嘴根有瘤，色黃赤，故稱黃鵠。

本草綱目卷四十七「禽之一、鵠、集解」：「時珍曰，鵠大於鴈，羽毛白澤。」

增修辭源「鵠」：「鳥名，似雁而大，全體色白，故或稱為白鳥。頸長，嘴根有瘤，色黃赤，故又謂之黃鵠。」

身高三尺餘，腳黑，尾短，蕃殖於寒地，棲河湖之濱。

辭海「鳥部，鵠」：「屬鳥類，游禽類，一名天鵝，體長三尺餘，形似鵝……，腳黑，尾短，棲河湖近旁及水濱。」

健飛，善步，一舉千里，一飛沖天。

本草綱目卷四十七「禽之一、鵠、集解」：「其翔極高而善步。」

清容居士集卷十六「天鵝曲」：「參錯旋地數百尺，宛轉培風借雙翮。翻身入雲高帖天，下陋蓬蒿去無跡……。」

欽定古今圖書集成博物彙編禽虫典第十卷「鵠部彙考，太平廣記、釋鵠」：「鴻鵠一舉千里。」

惟勁利，寡侶。

欽定古今圖書集成博物彙編禽虫典第十卷「鵠部彙考，太平庭記、鵠性」：「鵠性勁利。」「毛詩陸疏廣要、鴻飛遵渚」：「易曰……。博物志曰……，雁多群，而鴻寡侶。」

羽毛為囊，渡江不漏。製作服飾，即天鵝絨。

欽定古今圖書集成博物彙編禽虫典第十卷「鵠部彙考，毛詩陸疏廣要、鴻飛遵渚」：「易曰……。博物志曰：鴻毛為囊，可以渡江不漏。」

本草綱目卷四十七「禽之一、鵠、集解」：「其皮毛可為服飾，謂之天鵝絨。」

天鵝，分金頭鵝，小金頭鵝，花鵝，不能鳴鵝四等。蓋金頭鵝，肉味最佳。

飲膳正要卷第三「禽品、天鵝」：「鵝有三四等，金頭鵝為上，小金頭鵝為次，有花鵝者，有一等不能鳴者，飛則翎響，其肉微腥，皆不及金頭鵝。」

天鵝炙，由天鵝庖製而成。為皇家行帳八珍之一，味美絕頂。白珽謂：「八珍殽龍鳳，此出龍鳳外。」

雙溪醉隱集卷六「行帳八珍詩」：「往在宜都，客有請述，行帳八珍之說，則此行廚八珍也。一曰醍醐，二曰麆沆，三曰駞蹏羹，四曰駞鹿唇，五曰駞乳麋，六曰天鵝炙，七曰紫玉漿，八曰元玉漿。」

湛淵集「續演雅十詩」：「八珍殽龍鳳，此出龍鳳外。荔枝配江珧，徒誇有風味。」

自註：「謂迤北八珍也。所謂八珍，則醍醐……，天鵝炙」。

天鵝，體形雖巨，獨畏海東青。蓋海東青，善捕天鵝，乃其天敵。

本草綱目卷四十七「禽之一、鵠、集解」：「畏海東鶻。」

草木子卷四「談藪篇」：「海東青，鶻之至俊者也……，善擒天鵝。」

天鵝群之頭鵝，若為海東青所擒。其餘則盤旋一處，而不能去，遂盡為所捕。

欽定古今圖書集成博物彙編禽虫典第十卷「鵠部彙考、三才圖會、天鵝」：「天鵝即頭鵝，初至，有一巨者為之首……。捕得此鵝，則其餘盤旋一處，不能去，海東青擒而盡獲之。」

海東青，天鵝，一體小，一形巨，均善飛，為禽之健者。故其空中搏擊，殊為激烈精彩，令人賞心悅目。

清容居士集卷十六「開平第四集、天鵝曲」：「天鵝頸瘦身重肥，夜宿官蕩群成圍。蘆根啑啑水蒲滑，翅足蹩曳難輕飛。參差旋地數百尺，宛轉培風借雙翮。翻身入雲高帖天，下陋蓬蒿去無跡。五坊手擎海東青，側眼光透瑤臺層。解絛脫帽窮碧落，以掌疾摑東西傾。離披交旋百尋衺，蒼鷹助擊隨勢遠。初如風輪舞長竿，末若銀毬下平坂。蓬頭喘息來獻官，天顏一笑催傳餐。不如家雞，柵中生死守。免使羽林，春秋水邊走。」

灤京雜詠：「為愛琵琶調有情，月高未放酒杯停。新腔翻得涼州曲，彈出天鵝避海青。」自註：「海青拏天鵝新聲也。」

駕鵝，即野鵝。

楚詞補注卷十三「七諫章句第十三「謬諫」：「亂曰：鸞皇孔鳳，日以遠兮，畜鳧駕鵝。」注：「郭璞云：駕鵝，野鵝也。」

張昱，明周王，有詩以吟之。

可閒老人集卷二「輦下曲」：「駕鵝風起白毰毸，秋夏跟隨駕往回。聖主已開三面網，登盤玉食天上來。」

歷代宮詞二卷「明周王一百首：「湖上駕鵝暎水湖，海青常是內官擎。三宮皇后隨鑾駕，輦內開簾看放鷹。」

形似雁而大，色蒼，亦稱駉鵝。

本草綱目卷四十七「禽之一、鴈，集解」：「野鵝，大於鴈，似人家蒼鵝，謂之駕鵝……，亦曰駉鵝。」

海東青，搏擊駕鵝，失其所在，必及他禽始返。

雙溪醉隱集卷二「放鴈詞」：「啣蘆遠避駕鵝聲，人間多避海東青……。弓鳴勿為虛弦驚，古來惟有一更羸。」注：「司隼聆駕鵝聲，其目可擊者，即縱海青。或失駕鵝，必及他禽。」

## 五　鬥鵪鶉

元代文翰，嘗詩吟鬥鵪鶉。

可閒老人集卷二「輦下曲、有序」：「鬥鵪初罷艸初黃，錦袋牙牌日自將。鬧市閒坊尋搭對，紅塵走殺少年狂。」

且言因而殺人。

懷星堂集卷八「鵪鶉」：「利口如錐豈利身，名題越調耳常新。莫教輕與人將去，又遣金陵枉殺人。」

畫家重時尚，亦繪鵪鶉圖。

紫山大全集卷七「題鵪鶉圖」：「無人原野不驚飛，禾黍秋風八月時。却恨當年寫真手，五雲不畫鳳來儀。」

紫山大全集卷七「再題鵪鶉圖」：「拘囚幸脫小兒拳，禾黍秋風大熟年。所校無多爭一粟，光肥只辦飽鷹鸇。」

鬥鵪鶉，始於唐代，西涼獻鵪鶉於明皇，可隨金鼓相鬥，宮中人皆養之。

清稗類鈔第十冊「鬥鵪鶉」：「西涼廐者，進鵪鶉於明皇，能隨金鼓節奏爭鬥，故唐時宮中人咸養之。類聚夥羣，畏寒貪食，故易為人所馴養，玩弄於股掌中耳。」

自茲以降，相沿成俗，清代尤盛。膏粱子弟，好鬥鵪鶉，千金賭勝。養育之豐厚，夏以雕籠，冬以錦囊，飼以玉穀，時時把之。

帝京歲時紀勝「鬥鵪鶉」：「膏粱子弟，好鬥鵪鶉，千金角勝。夏日，則貯以雕籠。冬日，則盛以錦橐。飼以玉粟，捧以纖手。夜以繼日，毫不知倦。」

故鬥鵪鶉，亦可致富。聊齋之「王成」，雖為小說，每多誇大。然由千金角勝，世間輒多奇事，當大有可能。

聊齋志異卷一「王成」：略謂：王成適見鬥鵪鶉，一賭數千。乃購鵪鶉兩籠，不數日，悉為其一鬥死。遂持此入市，與衆鬥鵪鶉，百戰皆捷。王者聞之，以己鵪鶉相鬥，亦敗。因以六百金，購之。成遂致富。

鵪鶉之善鬥，其體形，須頭大而圓，胸厚寬平，骨重筋多，嘴尖如鉗，腿粗足長，毛薄色老，眼突眶深，白鼻為上，眉色如金。

昭代叢書別集卷二十七「鵪鶉譜、相法」：「鵪鶉既以搏鬥爭勝負，則其選材之勇懦，不可不知……。頭如蟹殼，闊還平，額最要闊……，頭圓而大為上……。嘴直緊如鉗，硬似錐……。腿長勁粗圓……。毛薄……則性靈巧……。眉黃，須老色同金……。眼凹眶珠突朗如椒……。骨重筋多，最是強……。胸挺然闊厚與寬平……。」

若骨響，鳴如小雞，頭尖若蒜，身輕腿扁，毛厚色嫩，腳短而軟，則不善鬥。

昭代叢書別集卷二十七「鵪鶉譜、不鬥劣相」：「骨響，鵪把入手，吱吱作聲不住者……，最不肯鬥。雞鳴，鵪聲啾啾，若小雞，鳴不已者，此初出嫩鵪，並不識鬥。硄眉，眉闊過額，頭則扁小，不耐鬥。蒜頭，頭尖小，如蒜瓣者，不耐鬥。扁腿，兩腿扁者，不耐鬥。腳短，兩腳短，則踢打不能上他鵪身，故不耐鬥。毛厚，毛不薄，則把不堅，毛多，最不耐他鵪咬。身輕，身體輕小，則不耐鬥。腳軟，不耐鬥。」

平日，鵪鶉須多把常洗。把即置掌中握之，足在小指與無名指之間。洗即清潔羽毛。使之習於碰觸，以增強筋骨，而耐鬥。

昭代叢書卷二十七「鵪鶉譜、把法」：「鵪最宜把，不把不能馴。凡生鵪，骨肉肥泛。故時時把之，去其肥膘，使其筋肉皮骨，皆成堅頑。上場爭鬥，受他鵪狠咬，不畏不傷，方可取勝……。」

昭代叢書卷二十七「鵪鶉譜、洗法」：「鵪最宜洗，洗則易熟，肥鵪洗去浮膘，以便於把。瘦鵪洗之，骨肉盡皆堅硬，故鵪愈洗愈妙也。嘈籠之鵪，已餓二三日，即以溫水洗之，勿灌耳，勿沸目，只洗透通身毛羽，以薄布裹之，手中把乾者妙。」

鬥時宜靜，尤忌物影搖動，以免疑懼，影響鬥志。鬥前，羽毛不可塗葯，亦忌他人接觸己之鵪鶉，避人暗算。

昭代叢書卷二十七「鵪鶉譜、鬥法」：「鵪胆最小，鬥時最忌物影搖動，疑為鷹隼，驚懼躲藏，膽落如癡，不獨臨場即輸，亦費多方調養，才能振其雄氣。故鬥時，須人聲悄靜，各使搜毛訖，方齊下圈鬥，優劣既分，輸贏已定，即下食分開……。」鬥敗，既不可遷怒他人，發生衝突。鵪鶉亦不可殺，放生為宜。

昭代叢書卷二十七「鵪鶉譜」：「已敗勿怒！已鵪鬥敗，直作游戲觀。慎勿怒形色，方為有容之士……。爭勝傷人：有人爭勝負，以致兩相詈罵毆打者，惡俗不堪。敗鵪勿殺：有人見自鵪敗者，輒憤怒而揉捽踏裂之，此最不可……。劣者即放：凡有下色劣鵪，不堪調把者，即放之飛去，任其遂生。且勿留養之，或餓死，或誤死，皆成罪過。」

## 六　鬥百草

端午鬥百草之俗，由來尚矣。早在春秋戰國時代，即有此俗。且源自宮庭，傳至民間。

施注穌詩卷九「蘇州閭邱江君兩中飲酒二首，閭邱孝忠字公顯」：「五紀歸來鬢未霜，十眉環列坐生光。喚船渡口迎秋女，駐馬橋邊問秦娘。曾把四弦娛白傅，敢將百草鬥吳王。從今却笑風流守，畫戟空凝宴寢香。」

劉賓客外集卷一「白舍人曹長寄新詩有遊宴之盛因以戲酬」：「蘇州刺史例能詩，西掖今來替左司。二八城門開道路，五千兵馬引旌旗。水通山寺笙歌去，騎過虹橋劍戟隨。若共吳王鬥百草，不如應是欠西施。」

漢晉因之。

石田文集卷一「端午效六朝體」：「修篁發秀林，新荷疊芳池。采絲擷霧縷，紗縠含風漪。蕤賓應樂律，端陽正歲時。馥馥蘭湯浴，灩灩蒲酒持。漢宮鬥草戲，楚船張水嬉。江心鑄龍鏡，好用照湘纍。」

荊楚歲時記「五月五日，謂之浴佛節，四民並蹋百草之戲……。端午蹋百草，即今人有鬥百草之戲也。」

隋唐繼之。

隋書卷十五「志第十、音樂下」：「煬帝不解音律，略不關懷。後大製艷篇，辭極淫綺。令樂正白明達造新聲，刱萬歲，藏鈎樂，七夕相逢樂，投壺樂……。續命鬥雞子，鬥百草，汎龍舟，還舊宮，長樂花，及十二時等曲。掩抑摧藏，哀音斷絕，帝悅之。」

五百家注昌黎文集卷八「聯句、城南聯句一百五十韻」：「竹影金鏁碎，泉聲玉淙琤。瑠璃翦木葉，翡翠開園英……。鬥草擷璣珵……。」

兩宋承之。

二家宮詞卷上「宋徽宗皇帝三百首」：「禁中春色最妖妍，桃李扶疏滿眼前。鬥草踏青攜伴侶，更尋何處畫圖仙。」「仙姿婉孌玉肥膚，嬌慣心情每自娛，不向園畦尋鬥草，定邀朋友戲投壺。」

鄖溪集卷二十六「稚子」：「稚子誰憐衰病餘，戲殘鬥草繞庭除。朝來竟學黃家書，畫破新傳幾本書。」

元代蒙人，亦襲此俗。

石田文集卷五「次韻端午行」：「羅襦垂垂扇奩歇，守宮持紅不數蝎。桐官馬酒銀流澌，內饔餅啖酥凝雪。灤水之陽漢陪京，拂天翠華風日清。繡絲鞋墻擅南陌，玉環鏡鼻專東城。射柳王孫五花馬，醉來見客不肯下。擷藍攬綠鬥草戲，靈運無須更誰詑……。」按：桐為挏之誤。

鐵崖古樂府卷十「春情」：「惜春正是上春時，何處春情可賦詩。吳王臺下鬥芳草，蘇小門前歌柳枝。」

天籟集卷上「水龍吟、丙午秋到維揚途中值雨」：「短亭休唱，陽關柳絲，惹盡行人怨。鴛鴦隻影，荷枯葦淡，寒沙水淺，紅綬雙銜。玉簪中斷，苦難留戀，更黃花細雨，征鞍催上，青衫淚，一時濺。」

回首孤城不見，黯秋空去鴻一線。餘情未了，誰教重賦，春風人面。鬥草閒庭，採香幽徑，舊曾行遍。漫今宵，酒醒無言，有恨恨，天涯遠。」

為鬥百草，竟入山採草，空茂林。
灤城集卷十六「夫人閤四首、其二」：「尋芳空茂木，鬥草得幽蘭。歌舞纖絺健，嬉游玉佩珊。」
集草之眾，多至盈襜。
文忠集卷八十七「夫人閤五首、其二」：「黃金仙杏粉，赤玉海榴房。共鬥今朝勝，盈襜百草香。」
參加鬥草者，人無數。
歐陽修詞全集卷四「漁家傲」：「三月芳菲看欲暮，胭脂泪洒梨花雨。寶馬綉軒南陌路，笙歌舉，踏青鬥草人無數……。」
處處鬥草。
樂章集「內家嬌」：「媚景朝升，煙光圓斂，疎雨夜來，新霽垂楊艷杏絲軟。霞輕綉出芳郊，明媚處處，踏青鬥草……。」
更各處游走，尋人鬥草。
劍南詩稿卷十三「蔬園絕句」：「嬾隨年少愛花狂，且伴群兒鬥草忙。行遍山南山北路，歸時新月浸橫塘。」
婦女鬥草溪根。

夢窗稿「夢窗丙稿卷三、祝英臺近」、「採幽香，巡古苑，竹冷翠微路。鬥草溪根，沙印小蓮步。自憐兩鬢清霜，一年寒食，又身在，雲山深處。晝閒度，因甚天也慳春，輕陰便成雨，綠暗長亭。歸夢趁風絮，有情花影闌干，鶯聲門徑，解留我，霎時疑竚。」

老人亦臨觀賞。

劍南詩稿卷四十「遣興」：「掃盡衣塵喜不勝，村居終日醉騰騰。閑投隣父祈神社，戲入群兒鬥草朋。幽徑有風偏愛竹，虛堂無暑不憎蠅。悠然又見江天晚，隔浦人家已上燈。」

劍南詩稿卷五十六「老甚自詠」：「殘年真欲數期頤，一事無營飽即嬉。身入兒童鬥草社，心如太古結繩時。騰騰不許諸人會，兀兀從嘲老子癡。亦莫城中買鹽酪，菜羹有味淡方知。」

伴兒童鬥草為嬉。

劍南詩稿卷五十「定命」：「定命元知不可移，更兼狂疾固難治。履穿衣弊窮居日，齒豁頭童大耋時。耕釣詩多悲境熟，功名夢少感年衰。今朝雨歇春泥散，剩伴兒童鬥草嬉。」按：剩即剩。

劍南詩稿卷五十五「幽居述事」：「頹然掩戶不妨奇，又賦幽居第二詩。大藥鼎成令虎守，精思床穩用龜搘。壺中自喜乾坤別，局上元知日月遲。更就群童鬧鬥草，人間何處不兒嬉。」

甚至，遊子歸來，母子歡愉，亦鬥草為戲。

元詩選三集卷十「胡太常助，春草曲」：「春風如流水……。遊子歸來慈母喜，階前鬥草爭兒戲。」

然亦有終日扃戶，棄外出鬥草，踏青者。

樂章集「鬥百花」：「煦色韶光明媚，輕靄低籠芳樹，池塘淺蘸煙蕪，簾幙閒垂風絮，春困厭厭，拋擲鬥草工夫，冷落踏青心緒，終日扃朱戶……。」

因鬥草專注忘情，牧童誤牧牛。

禪月集卷六「春野作五首」：「牛兒小，牛女少，拋牛沙上鬥百草。鉏隴老人又太老，薄烟漠漠覆桑棗，載嵩醉後取次掃。」

細雨衣袴濕。

蒲江詞「鳥夜啼、西湖」：「漾暖紋波颭颭，吹晴絲雨濛濛，輕衫短帽西湖路，花氣撲春驄。　鬥草褰衣濕翠，秋千瞥眼飛紅，日長不放春醪困，立盡海棠風。」

衆人亦晚歸。

升菴集卷十三「扶南曲五首」：「淇上輕盈侶，巫陽飃緲仙。晚歸因鬥草，春困為秋千。羅帳含雙笑，燈昏尚未眠。」

劍南詩稿卷十三「蔬園絕句」：「嬾隨年少愛花狂，且伴群兒鬥草忙。行遍山南山北路，歸時新月浸橫塘。」

劍南詩稿卷四十「遣興」：「掃盡衣塵喜不勝，村居終日醉騰騰。閑投隣父祈神社，戲入群兒鬥草朋。幽徑有風偏愛竹，虛堂無暑不憎繩。悠然又見江天晚，隔浦人家已上燈。」按：此三詩，皆再引用，然所取含義，與前引不同。

婦女鬥草贏多，欲卸裙。

梅溪詞「玉樓春，社前一日」：「游人等得春晴也，處處旗亭堪繫馬，雨前穠杏尚娉婷，風後殘梅無顧藉。忌拈針線還逢社，鬥草贏多裙欲卸，明朝雙燕定歸來，叮囑重簾休放下。」

珥珠脫落，玉簪金釧翠鈿遺失。

樂章集「木蘭花慢，清明」：「拆桐花爛漫，乍疎雨洗清明。正艷杏燒林緗桃繡野，芳景如屏。傾城盡尋勝去，驟雕鞍紺幰出郊坰。風暖繁弦脆管，萬家競奏新聲。盈盈鬥草，踏青人豔冶遞逢迎。向路旁往往，遺簪墮珥，珠碧縱橫。歡情對佳麗地，信金罍罄竭玉山傾。拚却明朝永日，畫堂一枕春酲。」

御選宋金元明四朝詩、御選明詩卷七十七、林應亮、春情」：「雕闌朱箔澹池塘，旭日鶯啼出洞房。初服已從千蕊麗，新粧猶帶百花香。鬥成百草遺金釧，彈罷孤桐依玉牀。更道春霄閒弄笛，相將明月舞鸞凰。」

三家宮詞卷下「宋、王珪一百首」：「鬥草深宮玉檻前，春蒲如箭荇如錢。不知紅藥闌干曲，日暮何人落翠鈿。」

興尤未盡，鬥草才罷，復藏鈎，開宴又賭春。

劍南詩稿卷八「初春出遊」：「春風初來滿刀州，江水照人如潑油。犢車芳草南陌頭，家家傾貲事遨遊。萬里橋西繫黃騮，為君一登散花樓。半年長齋廢觥籌，興來忽典千金裘。小桃婀娜弄芳柔，紅蘭茁芽滿春洲。壚邊女兒不解愁，鬥草纔罷還藏鈎。可憐世人自拘囚，盎中乾坤舞蜉蝣。百年苦短去日遒，問君安用萬戶侯。」

鐵崖古樂府卷九「賭春曲」：「鬥草歸來後，開筵又賭春。堦前撒珠戲，獨是得雙人。」

鬥草敗者，罰酒，賦詩。

欽定古今圖書集成、曆象彙編，歲功典第五十一卷「端午部」：「通州：端午節，男女於郊原，採百草相鬥賭飲。」「永平府」：「仲夏月端午……，鬥百草賭飲……。」

劍南詩稿卷六十五「東籬」：「東偏隙地作疎籬，遇興無非一笑時。陪客投壺新罰酒，與兒鬥草又輸詩。山桃溪杏栽俱活，藥鑪漁竿動自隨。家事猶令罷闕白，固應黜陟不曾知。」

婦女兒童，則以鬥草為嬉戲之樂。

二家宮詞卷上「宋徽宗三百首」：「杏褪殘紅點碧輕，融怡天氣雨初晴。僊姿鬥草春園裏，時聽妖嬈笑語聲。」

白香山詩集卷十「觀兒戲」：「齠齓七八歲，綺紈三四兒。弄塵復鬥草，盡日樂嬉嬉。堂上長年客，鬢間新有絲。一看竹馬戲，每憶童騃時。童騃饒戲樂，老人多憂愁。靜念彼與此，不知誰是癡。」

然婦女間有，以金釵，珠襦頭飾，金錢為賭者。

樂章集「中呂調、夜半樂」：「豔陽天氣……。　翠娥南陌簇簇，躡影紅陰，緩移嬌步，擡粉面，韶容花光相妒，絳綃袖舉，雲鬟風顫，半遮檀口含羞，背人偷顧，競鬥草，金釵爭笑賭。　對此嘉景……。」

雲臺編卷上「採桑」：「曉陌攜籠去，桑林路隔淮。何如鬥百草，賭取鳳凰釵。」

元詩選三集卷十一「吳克恭寅夫・唐宮詠」：「鬥草賭珠襦，穿花提玉壺。東頭老供奉，好似執金吾。」

唐英歌詩卷中「美人三十韻、一作箇人」：「嫋嫋復盈盈，何年墜玉京。見人還道姓，羞客不稱名……。數錢紅帶結，鬥草舊裙盛，映柳闌干小，侵波略彴橫……。」

勝者，既珠璣滿斗歸。

范文正集卷二「和章岷從事鬥茶歌」：「年年春自東南來，建溪先暖冰微開。溪邊奇茗冠天下，武夷仙人從古栽……。花間女郎只鬥草，贏得珠璣滿斗歸。」

更笑逐顏開，入夜歡愉之情不減。

唐宋諸賢絕妙詞選卷三「晏殊、破陣子、春景」：「燕子來時新社，梨花落後清明。池上碧苔三四點，葉底黃鸝一兩聲。日長飛絮輕。巧笑東鄰女伴，采桑徑裡逢迎。疑怪昨宵春夢好，元是今朝鬥草贏。笑從雙臉生。」

升菴集卷十三「扶南曲五首」：「淇上輕盈侶，巫陽縹緲仙。晚歸因鬥草，春困為秋千。羅帳含雙笑，燈昏尚未眠。」

兒童亦眉飛色舞，誇耀贏得鬥草歸。

東觀集卷一「春日述懷」：「春暖出苑亭，携笻傍水行。易諳馴鹿性，難辨鬥鷄情。妻喜栽花活，兒誇鬥草贏。翻嫌我慵拙，不解強謀生。」

敗者，無限懊悔，繞室嘆息。

李義山詩集卷上「代應二首」：「昨夜雙鈎敗，今朝百草輸。關西狂小吏，唯喝遶牀盧。」

鬥草散去，殘花斷草，滿地狼籍。

石湖詩集卷二十七「四時田園雜興六十首并引」：「社下燒錢鼓似雷，日斜扶得醉翁回。青枝滿地花狼籍，知是兒孫鬥草來。」

至鬥草之法，一為鬥草之強弱，即雙方各持己草，互套拉之，先斷者敗。一為鬥草種類之多寡，即一方出一草，對方亦此草應之，直至一方出草，對方無此草以對則敗。

## 七　射柳

射柳，

淮陽集「射柳」：「年少將軍耀武威，人如輕燕馬如飛。黃金箭落星三點，白玉弓開月一圍。簫鼓聲中驚霹靂，綺羅筵上動光輝。回頭笑煞無功子、羞對薰風脫錦衣。」

元詩選初集卷二十一「馬中丞祖常、上京書懷」：「燕子泥融蘭葉短，疊疊荷錢水初滿。人家時節近端陽，繡被羅衫雙佩光。共笑江南五雜組，畫鷁浮波供角黍。沙苑射柳追風駒，古來北地為名區。」

亦稱剪柳，

識小編「剪柳」：「永樂時，禁中有剪柳之戲。剪柳，即射柳也。」

槎柳，石湖詩集卷十七「郊外閱驍騎剪柳，亦曰槎柳」：「千騎同瞻白羽揮，驚塵一鬨響金鞿。不知掣電彎弓過，但覺柳稍隨箭飛。」

劍南詩稾卷二十六「感舊」：「憶從南鄭入成都，氣俗豪華海內無。故苑燕開車載酒，名姬舞罷斗量珠。浣花江路青螭舫，槎柳毬場白雪駒。回首壯遊真昨夢，一竿風月老南湖。」

躤柳，天啟宮詞：「飛鳳三花逐電流，例逢躤柳拜前旒。八珠穿得都班賞，奪取頭標勝一籌。」註「午日，大駕幸萬歲山，閱御馬監勇士跑馬，名曰射柳，即金元躤柳之遺。唐時，外牧歲進馬，印以三花飛鳳，故有馬鬣剪三花之語。」

札柳，夜航船卷一「天文部、夏、躤柳」：「躤，音札。」

斮柳，「析津志輯佚」：「斮柳者，於端午日質明，鎮南王於府前張方蓋……，前列三軍，旗幟森然。武職者，咸斮柳……。有引馬者先走，萬戶引弓隨之，乃開弓斮柳。」

䄍柳枝，

東京夢華錄卷七「駕登寶津樓諸軍呈百戲」：「又以柳枝插於地，數騎以剗子箭，或弓或弩射之，謂之䄍柳枝。」

截柳枝，

演繁露卷十三「躤柳」：「西北錄，太祖時，契丹使來朝。詔使者，於講武殿觀射。令其從者與衛士，射毛毬，截柳枝，即其事也。」

射柳之俗，即插柳於地而射之，源自鮮卑。

演繁露卷十三「躤柳」：「樞帥洪公謂予曰：何始？予曰……，鮮卑之俗，自古相傳，秋天之祭，無林木者，尚植柳枝，衆騎馳繞三周乃止，此其遺法。按此，即予言有證。其於馳躤之外，加弓矢焉，則又益文矣。」

北周因之，

庾開府集箋註卷八「周大將軍同馬裔神道碑」：「公諱裔……銘曰：欽若歷象，平秩寅賓。少梁奔華，地入咸秦。族夷興馬，書窮獲麟……。藏松寶劍，射柳琱弓……。」

唐宋承之，

全唐詩卷四百七十七「李涉、看射柳枝」：「玉弝朱弦敕賜弓，新加二斗得秋風。

萬人齊看翻金勒，百步穿楊逐箭空。」

宋詩，見前引范大成「石湖集」，陸游「劍南詩稾」二詩。

遼金襲之，

遼史卷四十九「禮志一、瑟瑟儀」：「若旱，擇吉日行瑟瑟儀以祈雨。前期置百柱天棚，及期，皇帝致奠于先帝御容，乃射柳。」

金史卷三十五「禮八，拜天」：「金因遼舊俗，以重午，中元，重九日，行拜天之禮。重五於鞠場……，行射柳擊毬之戲。」

元代蒙人繼之，

元詩選三集卷十三「硯北生陵友、見說」：「幽并豪俠士，新拜羽林郎。夕按秦娥曲，朝薰荀令香。折花當閣道，射柳傍宮牆。見說紅城下，今年春草長。」

歷代宮詞二卷「明周王一百首」：「王孫王子值三春，火赤相隨出內門。射柳擊毬東苑裡，流星駿馬蹴紅塵。」

明清亦然。

楊文敏集卷一「賜觀擊毬射柳」：「雲移仙杖簇龍旗，正是京華五月時。駐蹕近依丹鳳闕，彎弓遙剪綠楊枝。萬年仰祝齊天壽，百步欣看中的奇。神武聖文超往古，微臣何幸際昌期。」

燕臺筆錄：「京師最重午節……，內廷自龍舟之外，則修射柳故事，其名曰走驃騎。蓋沿金元之俗，命御馬監勇士，馳馬走解，不過御前一逞迅捷而已。」射柳，皆於五月五日，重陽舉行。

石田文集卷五「次韻端午行」：「羅襦垂垂扇奩歇，守宮持紅不數蝎。桐官馬酒銀流澌，內饔餅啖酥凝雪。灤水之陽漢陪京，拂天翠華風日清。繡絲鞋墻擅南陌，玉環鏡鼻專東城。射柳王孫五花馬，醉來見客不肯下……。」

元明事類鈔卷三「歲時門、夏、五日、擊射」：「卓異記：五日文皇幸東苑，觀擊毬射柳，聽朝臣夷使及耆老聚觀，皇太孫而下以次擊射。」

夜航船卷一「躤柳」：「五月五日，士人於郊外野，或演武場，走馬較射，謂之躤柳。」

間有三月三日，清明行之。

演繁露卷十三「躤柳」：「壬辰三月三日，在金陵預閱，李顯忠馬司兵。最後，折柳環插毬場，軍士馳馬射之……，名曰躤柳。」

偃曝餘談：「胡人……往往會于清明端午日，名曰射柳。」其制，插柳兩行於毬場，去地數寸，削其皮。各繫己帕，以為識別。位高者先射，次者繼之。用無羽橫鏃，寬寸許。射斷而馳接者為上，斷而未接者次之，射未斷，或破其皮，或未中者負。並擊鼓如雷，以助其氣。

金史卷三十五「禮八、拜天」：「凡重午拜天禮畢，插柳毬場為兩行，當射者，以尊卑序，各以帕識其枝。去地數寸，削其皮而白之。先以一人，馳馬前導，後馳馬以無羽橫鏃箭射之。既斷柳，又以手接而馳去者為上。斷而未能接去者次之，或斷其青處，及中而不能斷，與不能中者為負。每射必伐鼓，以助其氣。」

演繁露卷十三「躤柳」：「其矢鏃，寬於常鏃，略可寸餘。」

或環毬場插柳而射。

演繁露卷十三「躤柳」：「折柳，環插毬場，軍士馳馬射之。」

或以鵓鴿貯葫蘆中，懸柳上而射，矢破葫蘆，鴿飛出，以飛之高低為勝負。

偃曝餘談：「胡人以鵓鴿貯葫蘆中，懸之柳上，彎弓射之，矢中葫蘆，鴿輒飛出，以飛之高下為勝負……，名曰射柳。」

箭若流星，馬如飛。射柳之俗，誠寓戰鬥於娛樂之良法。

莊靜集卷四「觀射柳」：「羽箭星飛霹靂聲，追風馬上一枝橫。平生百中將軍手，不意今朝見柳營。」

周代楚之養由基，去柳葉百步而射之，百發百中，良射技之精，然非射柳之俗。

史記卷四「周本紀第四」：「楚有養由基者，善射者也。去柳葉百步而射之，百發而百中之。」

## 八　擊踘

擊踘，又稱擊球，打球。

全唐詩卷六百十三「皮日休、洛中寒食二首」：「千門萬戶掩斜陽，綉幰金銜晚未歸。擊鞠王孫如錦，鬥鷄公子似花衣。嵩雲靜對行臺起，落鳥閒穿上苑飛。唯有路旁無意者，獻書未納問淮肥。」

歷代宮詞二卷「明周王一百首」：「王孫王子值三春，火赤相隨出內門，射柳擊球東苑裡，流星駿馬蹴紅塵。」

三家詞卷上「王建」：「新調白馬怕鞭聲，供奉騎來遶殿行。為報諸王侵早入，隔門催進打球名。」

雁門集卷三「春詞」：「深宮盡日垂珠箔，別殿何人度玉箏。白面內官無一事，隔花時聽打球聲。」

本西戎之戲，疑唐太宗天可汗時，自西域草原部族，傳入。

東江家藏集卷十「毬杖行」：「擊毬本戎戲，毬杖取南中。雲帆下河曲，專使董成功。此物本輕細，連艘竟何庸。春秋富當宁，典學希商宗。蕩心聖有戒，傳聞豈雷同。舟行不可問，為尔心忡忡。」

唐代風行，男女咸擊踘。

三家宮詞卷中「花蕊夫人」：「小毬場近曲池頭，宣喚勳臣試打毬。先向畫廊排御幄，管弦聲動立浮油。」

酉陽雜俎卷八：「崔承寵，少從軍，善驢鞠，逗脫杖，捷如膠焉，後為黔南觀察使。少遍身刺一蛇，始自右手，口張臂食，兩指繞腕，匝頸，齟齬在腹，拖股而尾，及骭焉……。」

三家宮詞卷中「花蕊夫人」：「自教宮娥學打毬，玉鞍初跨柳腰柔。上棚知是官家認，遍遍長贏第一籌。」

宋代因之。

二家宮詞卷上「徽宗皇帝」：「控馬攀鞍事打毬，花袍束帶競風流。盈盈巧學男兒拜，惟喜先贏第一籌。」

二家宮詞卷下「楊太后」：「涼秋結束門新晴，宣入毬場尚未明。一朵紅雲黃盖底，千官下馬起居聲。」

遼金承之。

金史卷三十五「禮八、拜天」：「金因遼舊俗，以重五中元，行拜天之禮。重午於鞠場，中元於內殿……。更衣，行射柳擊毬之戲，亦遼俗也，金因尚之……。」

鐵崖古樂府補卷二「金人擊毬圖」：「靺鞨國……，麗春堂前春正好，臙脂粧花絨剪草，君王自作擊毬戲，說與郎君莫相惱……，畫工俗筆不可摹……。」

元代蒙人亦襲此俗。

歷代宮詞二卷「明周王一百首」：「苑內簫墻深最幽，一方池閣正新秋。內臣靜掃場中地，官裏時來共打毬。」序：「胡元起自沙漠……，永樂九年，欽賜予家，有一老嫗，年七十矣，乃元后乳母之女，嘗居宮中，能通胡人書翰，知宮中事，為最悉。嘗細訪之，一一備陳其事故。予詩中所詠，皆元宮之故實，亦有史中未曾載，民間不得而知者，詩百篇中，能見之矣……，永樂四年，孟春之吉，蘭雪道人書。」

鐵崖古樂府卷二「蹋踘篇、為劉娘賦也」：「江南女兒花娟娟，五花綉出葵花圓。蹋花上下雙文鴛，雙文鴛，玉連瑣，髻斜斜，馬初墮。」按：蹋踘，為擊踘之誤。為寓戰鬥施娛樂之施。

二家詞卷下「楊太后」：「擊鞠由來豈作嬉，不忘鞍馬是神機。牽韁絕尾施新巧，背打星毬一點飛。」

楊文敏集卷一「賜觀擊毬射柳」：「禁苑薰風顥氣清，天閑龍馬玉蹄輕。花邊遠近星毬落，柳外參差綵杖橫。演武正期防逸樂，詰兵端欲保昇平。微臣侍從慙無補，願效賡歌頌聖明。」

擊踘之制，乘馬，持踘仗，分兩隊，設球門，擊進球門，多者勝。踘杖長數尺，端如偃月。球如拳，以輕韌木，空其中，彩繪之。

金史卷三十五「禮八、拜天」：「擊毬，各乘所常習馬，持鞠杖，杖長數尺，其端如偃月。分其眾為兩隊，共爭擊一毬。先於毬場南，立雙桓，置板下開一孔為門，而加網為囊。能奪得鞠，擊入網囊者為勝。或曰：兩端對立二門，互相排擊，各以出門為勝。毬狀小如拳，以輕韌木，枵其中而朱之，皆所以習蹺捷也。」

皇室勳貴擊踘，人衣華服，繫金帶，執金鞭。

三家宮詞卷下「王珪」：「銀盆著水灑毬場，馬嚼銜聲立兩行。齊上玉鞍隨杖列，粟金腰帶小牌方。」

可閒老人集卷二「輦下曲、有序」：「閒家日逐小公侯，藍棒相隨覓打球。向晚醉嫌歸路遠，金鞭梢過御街頭。」

馬玉鞍珠飾。

三家宮詞卷中「花蕊夫人」：「自教宮娥學打毬，玉鞍初跨柳腰柔。上棚不知官家認，遍遍長贏第一籌。」

三家宮詞卷下「王珪」：「內苑宮人學打毬，青絲飛轡紫花騮。朝朝結束防宣喚，一樣真珠絡控頭。」

踘杖輕細，取自南中，與毬門並加彩繪。

東江家藏集卷十「毬杖行」：「擊球本戎戲，毬杖取南中……。此物本輕細，連艘竟何庸……。」

淮陽集「打毬」：「錦繡衣分上下朋，畫門雙柱聳亭亭。半空彩杖翻殘月，一點緋毬迸落星。翠柳小廳喧鼓吹，玉鞭驕馬蹙雷霆。少年得意風流事，可勝書生對夜螢。」

擊踘時，臂旋捷於鳥，揮杖如光繞。

鐵崖古樂府補卷二「金人擊毬圖」：「袒臂交肩捷過鳥，鐵棒旋電光繞。一陣歡聲埽地來，火珠迸落雙華表……。」

馬如流星，鼓聲若雷。

歷代宮詞二卷「明周王一百首」：「王孫王子值三春，火赤相隨出門。射柳擊毬東苑裡，流星駿馬蹴紅塵。」

西巖集卷四「題明皇擊毬圖」：「天寶宮中無事時，乘驢擊毬共娛嬉……。莎場縱奔蹄霹靂，應手神珠馳萬金……。馬嵬坡下死別離，連雲道上生嶮巇……。」

為免人馬受傷，不打背後毬。

三家宮詞卷上「王建」：「對御難第一籌，殿前不打背身毬。內人唱好龜茲急，天子龍輿過玉樓。」

然技高，牽韁絕尾，亦可背擊星飛。

二家宮詞卷下「楊太后」：「擊鞠由來豈作嬉，不忘鞍馬是神機。牽韁絕尾施新巧，背打星毬一點飛。」

且毬場洒水清掃，平坦無塵，甚至潑油於地，以除塵。

三家宮詞卷下「王珪」：「銀盆著水洒毬場，馬嚼銜聲立兩行。齊上玉鞍隨杖列，粟金腰帶小牌方。」

歷代宮詞二卷「明周王一百首」：「苑內簫墻深最幽，一方池閣正新秋。內臣靜掃場中地，官裡時來共打毬。」

三家宮詞卷中「花蕊夫人」：「朱雀門高花外開，毬場空闊淨塵埃。預排白兔兼蒼狗，等候君王按鶻來。」

見前引「花蕊夫人」：「小毬場近曲池頭……，管弦聲動立浮油。」

故擊踘，即今日之馬球。然亦有男女，騎驢擊踘。當因無馬，或取其緩使然。

西巖集卷四「題明皇擊毬圖」：「天寶宮中無事時，乘驢擊毬共娛嬉。此風既扇不復止，流傳後來爭習之……。」

舊唐書卷一百十七「郭英乂」：「郭英乂，先朝隴右節度使，左羽林軍將軍，知運之季子也……。頗恣狂蕩，聚女人，騎驢擊毬。製鈿驢鞍，及諸服用，皆侈靡裝飾，日廢數萬，以為笑樂……。」

按蹴踘，亦稱蹋踘，黃帝所創，或云始於戰國。

荊楚歲時記：「立春之日……，為施鈎之戲……，又為打毬鞦韆之戲。按劉向別錄曰：寒食蹴踘，黃帝所造，本兵勢也。或云起於戰國。案鞠與毬同，古人蹋蹴以為戲也。」

累世承襲，蒙人亦有此俗。

隋書卷八十四「突厥」：「男子好樗蒲，女子踏鞠。」

全唐詩卷一百二十五「王維（一）、寒食城東即事」：「清溪一道穿桃李，演漾綠蒲涵白芷。溪上人家凡幾家，落花半落東流水。蹴踘屢過飛鳥上，鞦韆競出垂楊裏。少年分日作遨遊，不用清明兼上巳。」

東江家藏集卷八「宋宮蹴踘圖」：「甲馬營中五色光，天將一統付真王。後園踏踘寧為戲，猶有蕭孃卧榻傍。」

元詩選初集卷五十五「楊維禎鐵崖集、香奩八詠并序、蹋鞠」：「月牙束勒紅幧首，月門脫落葵花斗。君看脚底轉金蓮，細蹴花心壽郎酒。」

元史卷一百三十六「阿沙不花」：「有近臣蹴踘帝前，帝即命出鈔十五萬貫，賜之。阿沙不花頓首曰：以蹴踘而受上賞，奇技淫巧之人日進，而賢者日退矣……。」

楊維楨「蹋踘篇、為劉娘賦也」，為擊踘之誤。盖蹋踘，為足球，安用鞍馬。既用鞍馬，則為擊踘，即馬球。

鐵崖古樂府卷二「蹋踘篇、為劉娘賦」：「金鞭齊停馬上郎，落花旋風打毬場。繡輪擲過東家牆，東家牆，噪雙燕，平頭奴，搖便面。」

## 九　貴赤

貴赤，亦稱桂齊，

可閒老人集卷二「輦下曲、有序」：「放教貴赤一齊行，平地風生有翅身。未解刻期爭拜下，御前成箇賞金銀。」

山居新話卷二「皇朝宮桂齊，即急足快行也。」

欽定元史語解卷二「宮衛」：「桂齊，善跑人也。卷八十六，作貴赤衛。」

貴由赤，貴齊，

南村輟耕錄：「貴由赤者，快行是也。」

元史卷十三「世祖十」：「合剌赤，阿速，阿塔赤，昔寶赤，貴由赤等，嘗從征者，亦皆賜之。」

欽定元史語解卷八「職官」：「貴齊，善跑人也。卷十三，作貴由赤。」

鬼赤，珪齊。

歷代宮詞二卷「明周王一百首」：「鬼赤遙摧駝鼓鳴，短簷氈帽旁車行。上京咫尺山川好，納盆南來十八程。」

輟耕錄卷一「珪齊」：「珪齊者，快行是也。」

六者，音同字異，實則為一。即急足快行，快行，善跑之義。然三者，以善跑之釋，最為明確妥切。

每歲競賽一次，參加者甚衆，皆衣只孫衣。

歷代宮詞二卷「明周王一百首」：「健兒千隊足如飛，隨從南郊露未晞。鼓吹聲中春日曉，御前咸着只孫衣。」

輟耕錄卷一「珪齊」：「每歲一試之，名曰放走。以脚力便捷者，膺上賞。故監臨之官，齊其名數，約之以繩，使無後先參差之爭，然後去繩放行。」

監臨之官，清點人數，約之以繩，使無前後之差，然後去繩放行。

在大都，晨自河西務始。在上都，晨自泥河兒始。逾三時，行一百八十里。或謂在上都，晨自灤河始，至巳中，行二百里，直抵御前。

輟耕錄卷一「珪齊」：「在大都，則自河西務起程。在上都，則自泥河兒起程。越三時，行一百八十里，直抵御前，俯伏呼萬歲。」

灤京雜詠：「九奏鈞天樂漸收，五雲樓閣翠如流。宮中又放灤河走，相國家奴第一籌。」註謂：「灤河至上京二百里，走者名珪齊。黎明放自灤河，至御前，巳初中刻者上賞。」

賽時，其速殊快。蓋自晨，至巳中，行兩百里，時速四十里。自晨，越三時，至巳末，行一百八十里，時速亦三十里。

按古代，一日為十二個時辰，每一時辰，為今兩小時。故子時之始，即今午夜十一時。經子，丑寅，計六小時，為晨五點。越卯，辰，巳中，為五小時，行兩百里，則時速四十華里。若自晨，即寅末，經卯，辰，巳，為六小時，行一百八十里，故時速三十華里。

貴赤，亦技軍。至元十三年，世祖詔蕩析離居，漏籍僧道，不當差徭者，萬餘人，成立貴赤軍，命明安領之。二十二年，改貴赤軍，為貴赤親軍都指揮使司，任本衛達魯花赤。二十九年，陞貴赤親軍都指揮使司達魯花赤。

元史卷九十八「兵一」：「又有以技名者，曰砲軍，弩軍，水手軍。」

元史卷一百三十五「明安」：「明安，康里氏，至元十三年，世祖詔民之蕩析離居，及僧道漏籍，諸色人不當差徭者，萬餘人，充貴赤，令明安領之……。二十年，授定遠大將軍，中衛親軍都指揮使。明年，賜佩虎符，領貴赤軍北征。又明年，立貴赤親軍都指揮使司，命為本衛達魯花赤……。二十九年，以功陞定遠大將，貴赤親軍都指揮使司達魯花赤。」

然志謂：至元二十四年，立貴赤衛。

元史卷九十九「兵二、宿衛」：「貴赤衛，至元二四年立。」

且勳臣中，亦有名貴赤者。

元史卷九十五「食貨三、歲賜、勳臣」：「貴赤，江南戶鈔，至元二十一年，分撥和州歷陽縣四千戶，計鈔一百六十錠。」

## 十　女人國

至元二十六年，羅斛二女人國，遣使朝貢。

元史卷十五「世祖十二」：「二十六年……十月……，羅斛二女人國，遣使來貢方物。」

二女人國，即羅斛，暹二國。羅斛，山形如城，白石峭礪。疆域遼闊，天暖如春。土地平衍肥沃，農產豐富。其俗，事無巨細，悉決於婦人。以𧴩子代錢，產金錫，象牙，香料，翠羽等。

島夷誌略「羅斛」：「山形如城郭，白石峭厲。其田平衍而多稼，暹人仰之。氣候常暖如春，風俗勁悍。男女椎髻，白布纏頭，穿長布衫。每有議刑法錢穀出入之事，並決之於婦人，其志量常過於男子。煮海為塩，釀秫米為酒。其酋長法，以𧴩子代錢，流通行使。每一萬，準中統鈔二十四兩，甚便民。此地產羅斛香，味極清遠，亞於沈香，次蘇木，犀角象牙，翠羽黃蠟……。」

馬哥孛羅遊記「這裏講松都兒和軍突弄島」：「我們就到了一個大陸地域，叫作羅斛國，他是很大很富……。這地方各國，都用瓷貝殼作錢……。」

暹國，自新門臺入港，至其國。外山崎嶇，內嶺深邃。土地貧瘠，不宜農耕。故食糧，仰給羅斛。其俗，人死，灌以水銀，以養其屍。以𧴩子權錢使用，產錫，象牙，翠羽等。至正己丑，降於羅斛。

島夷誌略「暹」：「自新門臺入港，外山崎嶇，內嶺深邃，土瘠不宜耕種，穀米歲仰羅斛，氣候不正，尚侵掠……。至正己丑夏五月，降於羅斛。凡人死，灌以水銀，以養其身，男女衣着，與羅斛同，仍以𧴩子，權錢使用。地產蘇木花，錫，大風子，象牙，翠羽。」

目占城，向西南，船行七晝夜，至新門臺入港，至其國。故暹國在北，即暹羅之北部，國周千里。其俗，凡事婦女主掌，議事皆決於婦女。崇尚佛教，僧尼衆多。若其妻，與中國人通好，同飲坐寢，其夫讚謂，其妻貌美所致。男子二十餘，盛行嵌珠，不嵌珠者，視為下等人。人死，貧者置海灘，任鳥食之，謂為鳥葬。所記，可補島夷誌略之不足。

瀛涯勝覽校注「暹羅國」：「自占城，向西南，船行七晝夜，順風至新門臺，海口入港，纔至其國。國周千里，外山崎嶇，內地潮溼，土瘠，少堪耕種。氣候不正，或寒或熱……。崇信釋教，國人為僧為尼姑者極多……。俗，凡事皆是婦人主掌，其國王及下民，若有謀議刑罰輕重，買賣，一應巨細之事，皆決於妻，其婦人志量，果勝於男子。若有妻與我中國人通好者，則置酒飯，同飲坐寢，其夫恬不為怪。乃曰：我妻美，為中國喜愛……。男子年二十餘，則將莖物週迴之皮，如韮菜樣，細刀挑開，嵌入錫珠十數顆皮內，用藥封護，待瘡口好，纔出行走。其狀纍纍，如葡萄一般……。如國王，或大頭目，或富人，則以金為虛珠，內安沙子一粒，嵌之，行走玎玎有聲，乃以為美。不嵌珠之男子，為下等人……。聞下人死，擡屍於郊外海邊，於沙際，隨有金色之鳥，大如鵝者，三五十數，飛集空中，下將屍肉，盡食飛去。餘骨，家人號泣，就棄海而歸，謂之鳥葬……。」

自占城，十晝夜，可至其國。山形如城，白石峭礪。故羅斛，在暹國之南，亦即暹羅之南部。國周千里，其俗，人死，灌以水銀，以養其屍。苟合無序，甚愛中國男子，遇之，必置酒待而敬之。民性強悍，侵掠臨境。檳榔木為矛水牛皮為盾，善長水戰。所言，可補夷島誌略之簡約。

星槎勝覽校注「前集、暹羅國」：「自占城順風，十晝夜可至。其國，山形如城，如白石峭礪，周圍千里。外山崎嶇，內嶺深邃。田平而沃，稼多豐熟。氣候常熱，風俗勁悍，侵掠臨境。削檳榔木為標槍，水牛皮為牌，藥鏃等器，慣習水戰……。俗以海贈代錢通行，每一萬箇，準中統鈔二十貫……。天朝遠惠，當遣使，捧金葉表文，貢獻方物。」

從島夷誌略所載，至正己丑，暹降於羅斛始。經明永樂十四年，瀛涯勝覽成書。至正統元年，星槎勝覽書成，凡八十七年。其間，舊俗既未消失，新俗亦難形成。故三著所記，皆暹，羅斛二國之舊俗。

辭海「中外歷代大事年表」：「至正己丑九年，一三四九年。」「永樂十四年，丙申，一四一六年。」「正統元年，丙辰，一四三六年。」

暹既被羅斛所併，故國號曰暹羅斛。

明史卷三百二十四「外國五、暹羅」：「暹羅在占城西南，順風十晝夜可至。即隋唐赤土國，後分為羅斛、暹二國。暹土瘠，不宜稼。羅斛，地平衍，種多獲，暹仰給焉。元時，暹常入貢。其後，羅斛強併有暹地，遂稱暹羅斛國。」

洪武十年，封暹羅斛國王，為暹羅國王。故其國，遂稱暹羅。

明史卷三百二十四「外國五、暹羅」：「洪武……十年，昭祿群膺，承其父命來朝，帝喜，命禮部員外郎王恒等，齎詔及印賜之，文曰暹羅國王之印。并賜世子，衣幣及道里費。」

或謂事在洪武九年。

東西洋考卷二「暹羅」、「洪武……九年，國王哆囉祿，遣其子昭祿群膺，貢象及方物，下詔褒諭。賜暹羅國王印，自是，始稱暹羅，從朝命也。」

按羅斛，暹，所以稱女兒國，蓋因其，事無巨細，悉決於婦使然。晉，梁，唐，宋諸代，亦有女人國之記載。然均謂：其國悉女無男。殊異乎元末明初，羅斛，暹之記載。

博物志卷二「外國」：「有一國，亦在海中，純女無男。又說，得一布衣，從海浮出，其身如中國人，衣兩袖，長二丈。又得一破船，隨波出。在海岸邊，有一人，項中復有面生，得與語，不相通，不食而死。其地，皆在沃沮東，大海中。」

梁書卷五十四「諸夷，東夷」：「扶桑國者，齊永元元年，其國有沙門慧深，來至荊州說……。扶桑東千餘里，有女國。容貌端正，色甚潔白，身體有毛，髮長委地。至二三月，競入水則任娠，六七月產子。女人胸前無乳，項後生毛，根白，毛中有汁以乳子。一百日能行，三四年則成人矣。見人驚避，偏畏丈夫。食鹹草如禽獸，鹹草葉似邪蒿，而氣香味鹹。天監六年，有晉江人渡海，為風所飄，至一島，登岸，有人居，止女，則如中國，而言語不可曉。男則人身而狗頭，其聲如吠。其食有小豆，其衣如布。築土為牆，其形圓，其戶如竇云。」

大唐西域記卷十一「十三國、波剌斯國」：「拂懍國，西南海島，有西女國，皆是女人，略無男子。多諸珍寶，貨附拂懍國。故拂懍王，歲遣丈夫配焉。其俗，產男皆不舉也。」

諸蕃志卷上：「又東南，有女人國。水常東流，數年水一泛漲。或流出蓮肉，長尺餘，桃核長二尺。人得之，則以獻於女王。昔常舶舟，飄落其國。群女攜以歸，數日無不死。有智者，夜盜船亡命得去。其國女人，遇南風盛發，裸而感風，即生女也。西海，亦有女國。其地五男三女，以女為國王，婦人為吏職，男子為軍士。女子貴，則多有侍男，男子不得有侍女，生子從母姓。氣候多寒，以射獵為業。出與大秦天竺博易，其利數倍。」

## 十一　獅子國

至元十年，詔持重金，購葯獅子國。

元史卷八「世祖五」：「十年春正月……丁卯……，詔遣札木呵押失寒，崔杓，持金十萬兩，命諸王阿不合，市藥獅子國。」

按獅子國，即師子國，始見於晉法顯之佛國記。

佛國記，「到多摩梨帝國，即是海口……。法顯住此二年，寫經及畫像。於是載商人大舶，汎海西南行，得冬初信風，晝夜十四日，到師子國。」

後諸史因之。

宋書卷九十七「夷蠻」：「師子國，元嘉五年，國王利利摩訶南，奉表……以表歸德之誠。」

梁書卷五十四「諸夷、海南諸國」：「師子國，大天竺旁國也。」

南史卷七十八「夷貊、海南諸國」：「師子國，天竺旁國也。」

至趙宋，稱細蘭國，明曰錫蘭國，錫蘭山國。

諸蕃志卷上「藍無里國」：「藍無里國……，北風二十餘日，到南毗管下細蘭國。自藍無里，風帆將至其國，必有電光閃爍，知是細蘭國也。」

瀛涯勝覽校注「錫蘭國、裸形國」：「桉篤蠻山……，過此投西，船行七日，見鶯歌嘴山，再三二日，到佛堂山，纔到錫蘭國馬頭，名別羅里。」

星槎勝覽校注前集「錫蘭山國」：「其王亞烈苦奈兒，負固不恭，謀害舟師。我正使太監鄭和，深機密策，暗設兵器，三令五申，使衆啣枚疾走，夜半之際，信炮一聲，奮勇殺入，生擒其王。至永樂九年，歸獻闕下。尋蒙恩宥，俾復歸國，四夷悉欽。」

其國土地，除王自耕一頃外，悉分其民。鐵卷書之，世代相傳，無敢廢易。

佛國記：「選好土牛一雙，金銀寶物，莊校角上，作好金犂，王自耕頃四邊。然後割給民戶，田舍書以鐵卷，代代相承，無敢廢易。」按：四百畝曰頃。

氣候和適，無冬夏之分，故饒富農魚蔬果。

佛國記：「其國和適，無冬夏之異，草木常茂，田種隨人，無有時節。」

星槎勝覽校注前集「錫蘭山國」：「氣候常熱，俗朴富饒，米穀足收。」

瀛涯勝覽校注：「果有芭蕉子，波羅蜜，甘蔗，瓜，茄，蔬菜，牛羊鷄鴨皆有。」

盛產紅、黃、青雅姑，即鴉鶻，昔剌尼，窟沒藍等寶石，及青米藍石，水晶，珊瑚，貓兒睛，紅玻瓈，栢榴石。

瀛涯勝覽校注：「錫蘭國……，此山內出紅雅，青雅，黃雅姑，青米藍石，昔剌尼，窟沒藍等，一切寶石皆有。」

明史卷三百二十六「外國七，錫蘭山」：「錫蘭山，或云即古狼牙修，梁時曾通中國……。又二三日，抵佛堂山，即入錫蘭國境……。所貢物，有珠，珊瑚，寶石，水晶。」

諸蕃志卷上「藍無里國」:「藍無里國……，北風二十餘日，到南毗管下細蘭國……，產貓兒睛，紅玻瓈。」

馬哥孛羅遊記「這裏講錫蘭島」：「出產寶貴的紅寶石，藍寶石，黃玉石，柘榴石，和許多別的寶石。」

珍珠，摩尼珠。

瀛涯勝覽校注「錫蘭國裸形國」：「到佛堂山，纔到錫蘭國馬頭，名別羅里……。其海中，有雪白浮沙一片，日月照其沙，光采瀲灩。日有珍珠，螺蚌集沙上。其王置珠池，二三年一次。令人取螺蚌，傾入池中，差人看守此池。候其壞爛，則用水淘珠納官。」

佛國記：「出珍寶珠璣，有出摩尼珠。」

龍涎，乳香，木香，樹香，檀香，胡椒，白荳蔻，木蘭皮，麄細香等。

星槎勝覽校注前集「錫蘭山國」：「地產寶石珍珠龍涎乳香。」

明史卷三百二十六「外國七、錫蘭山」：「所貢物……，乳香，木香，樹香，檀香……，胡椒。」按貢品，皆該國特產之珍品。

諸蕃志卷上「藍無理國」：「自藍無理，風帆將至其國，必有電光閃爍，知是細蘭國……。地產白荳蔻，木蘭皮，麄細香。」

其王身黑，露頂不衣。只纏五色布，躡金線紅皮履。殿宇，悉用珠寶為飾，中置金樹，以金為花，貓兒睛，諸色寶石為葉果，用玻瓈為壁，日光照射，霞光閃耀。嗜食檳榔，以金盤承其渣。手持五寸巨珠，夜光如炬。

諸蕃志卷上「藍無里國」：「細蘭國……，其王黑身而逆毛。露頂不衣，止纏五色布，躡金線紅皮履。出騎象，或軟兜。日啖檳榔，煉真珠為灰。屋宇，悉用貓兒睛，及青紅寶珠，瑪瑙，雜寶粧飾，仍用藉地以行。東西有二殿，各植金樹，柯莖皆用金花，實并葉，則以貓兒睛，青紅寶珠等為之。其下置金椅，以琉璃為壁。王出朝，早升東殿，晚升西殿。坐處常有寶光，盖日影照射，琉璃與寶樹相映，如霞光閃爍。二人常捧金盤，從承王所啖檳榔滓。從人月輸金一鎰於官庫，以所承檳榔滓內，有梅花腦，并諸寶物也。王握寶珠徑五寸，火燒不暖，夜光如炬。」

崇信佛教，晉時，其建佛寺，即金雕銀鏤，飾以衆寶。像用玉石，高二丈餘，手握無價之寶。

佛國記：「起一佛殿，金銀刻鏤，悉以衆寶。中有青玉像，高二丈許，通身七寶炎光，威相嚴顯，非言所載。右掌中，有一無價之寶。」

衆僧苦行，不惜身命。以國妻女，挑眼與人，割肉貿鴿，投身餓虎，種種苦行，以為衆生。

佛國記：「不惜身命，以國妻女，及挑眼與人，割肉貿鴿，截頭布施，投身餓虎，不悋髓腦，如是種種苦行為衆生。」

重象敬牛。不食牛肉，只飲其乳。牛死埋之，私宰罪死，或以牛首等大之黃金贖罪。燃牛糞為灰，遍抹其身。

瀛涯勝覽校注「錫蘭國裸形國」：「錫蘭國……，崇信釋教，尊敬象牛。人將牛糞燒灰，遍搽其身。牛不敢食，止飲其乳。如牛死，即埋之。若私宰牛者，王法罪死。或納牛頭大金，以贖其罪。」

男裸上身，下圍絲巾，白布纏頭，體毛悉剃，只留其髮。女梳髻腦後，穿長衫，或圍白布。人死，火化埋骨。喪家之男，鬚毛不剃，女則聚親鄰之婦，拍胸哭之。

星槎勝覽校注前集「錫蘭山國」：「男女纏頭，穿長衫，圍單布。」

瀛涯勝覽校注「錫蘭國裸形國」：「錫蘭國……，男子上身赤膊，下圍色絲手巾，加以壓腰。滿身毫毛俱剃淨，止留其髮，用白布纏頭。如有父母死者，鬚毛即不剃，此為孝禮。婦人撮髻腦後，下圍白布……。人死，則以火化埋骨。其喪家，聚親鄰之婦，都將兩手，齊拍胸乳，而叫號哭泣為禮。」

別羅里碼頭，海岸石上，有佛祖足印，印中水淺不乾，人皆蘸其水，洗面拭目。

瀛涯勝覽校注「錫蘭國裸形國」：「錫蘭國馬頭，名別羅里，自此泊船，登岸陸行。此處石上，有一足跡，長二尺許。云是釋迦，從翠藍山來，從此處登岸，腳踏此石，故跡存焉。中有淺水不乾，人皆手蘸其水，洗面拭目，曰佛水清淨。」

晉，宋，梁，其國均遣使入貢。降至明代，鄭和使西洋，俘其王，帝憫之放歸。由是，海外諸蕃，服明德威，咸皆入貢。

南史卷七十八「夷貊上、海南諸國」：「師子國……，晉義熙初，始遣使獻玉像，經十載乃至。像高四尺二寸，玉色潔潤，形制殊特，殆非人工……。宋元嘉五年，其王剎利摩訶，遣使奉表貢獻。十二年，又遣使奉獻。梁大通元年，後王迦葉伽羅訶黎邪，使使奉表貢獻。」

明史卷三百二十六「外國七、錫蘭山」、「永樂中，鄭和使西洋，至其地。其王亞烈苦奈兒欲害和……，和生擒亞烈苦奈兒及妻子頭目，獻俘於朝廷，臣請行戮，帝憫其無知，并妻子釋……。自是，海外諸蕃，益服天子德威，貢使載道。

按元至元間，市葯其國。所購何葯，及其風俗物產，元代文獻無徵。故引用非元代文獻，以探討其國情。

## 十二　南無力國

南無力國，亦稱南巫里，喃哑哩，藍無里，南浡里，皆同音異譯。元世祖至元二十二年，遣使入貢。

　元史卷二百十「馬八兒等國」：「世祖……二十三年，海外諸蕃國，以楊庭璧，奉詔招諭，至是皆來降，諸國凡十。馬八兒……，南無力……，皆遣使貢方物。」

其國人口，僅千餘戶，皆回回人。

　瀛涯勝覽校注「南浡里國」：「其國海邊人民，止有千家有餘，皆是回回人。」

男女椎髻，露體圍布。性好鬥，尚劫掠，用毒箭。

　島夷誌略：「男女椎髻，露體繫捎布……，俗尚劫掠。」

　諸蕃志校注卷上「藍無里國、細蘭國」：「藍無里國……，國人好鬥，多用藥箭。」

食唯魚蝦，牛羊鷄鴨，穀米蔬果甚少。

　瀛涯勝覽校注「南悖里國」：「其處黃牛水牛，山羊鷄鴨，蔬菜皆少。魚蝦甚賤，米穀少。」

王居木造二層樓，上層人居，下層養牛羊家畜。

　瀛涯勝覽校注「南悖里國」：「王居屋處，用大木高四丈，如起樓造。樓下俱無裝飾，縱放牛羊牲在下。樓上四邊以板折落，甚潔，坐臥食處，皆在其上。」

民居同蘇門荅剌，屋高八尺，用椰子檳榔木條，結為網狀，舖以藤簟，若樓板而居。

瀛涯勝覽校注「南浡里國」：「民居之屋，與蘇門荅剌同。」

瀛涯勝覽校注「蘇門荅剌」：「其民之居住，其屋如樓，高不舖板，但用椰子檳榔二木，劈成條片，以藤札縛，再舖藤簟，高八尺，人居其上。」

盛產蘇木，降真香，品冠各地。及象牙，樟腦，白藤，鶴頂，龜筒，玳瑁。

瀛涯勝覽校注「南浡里國」：「山產降真香，此處至好，名蓮花降。」

馬哥孛羅遊記「這裏講南巫里王國」：「這裏有很多的蘇方木，他有樟腦和別種寶貴的香料。」

諸蕃志卷上「藍無里國、細藍國」：「藍無里國，土產蘇方木，象牙，白藤。」

島夷誌略「喃哑哩」：「地產鶴頂，龜筒，玳瑁，降真香，冠於各番。」

珊瑚尤珍，高二三尺，幹如拇指，根可製冠之飾物。

瀛涯勝覽校注「南浡里國」：「國之西北海內，有一大平頂峻山，半日可到，名帽山……。其山邊二丈上下淺水內，生海樹，彼人撈取為寶物，即珊瑚也。其樹大者，高二三尺，根頭有一大拇指大根，如墨之沈黑，如玉石之溫潤，稍上椏枝婆娑可愛，根頭大處可碾為帽珠器物。」

國王常隨海船，入貢中國。

瀛涯勝覽校注「南浡里國」：「其南浡里王，常跟寶船，將降真香等物，貢於中國。」

海相波濤甚巨，高若山動。船舶經此，易有魚龍，劫掠之災。

島夷誌略「喃哑哩」：「地當喃哑哩之要衝，大波如山，動盪日月，望洋之際，疑若無地……。夫以舶歷風濤，回經此國，幸免於魚龍之厄。又罹虎口，莫能逃之。其值風信之乖，時使之然歟。」

其國境，當在蘇門荅剌島，最西北地區。

瀛涯勝覽校注「南浡里國」：「自蘇門荅剌，往正西，好風行三晝夜可到……，東接黎代王界，西北皆臨大海，南去是山，山之南，又是大海。」

## 十三　鮓荅

鮓荅，為番僧，即喇嘛，賴以祈雨，所用之物。

歷代宮詞卷二「明周王一百首」：「祈雨番僧鮓荅名，降龍刺馬膾巴餅。牛酥馬乳宮中賜，小閣西頭聽唪經。」

此物，生於牛馬狗之腹中，大小不一，大者如鷄卵。喇嘛，蒙人祈雨時，置此物數枚，於淨水中，一面念呪，一面玩弄水中之此物，每多應驗。

山居新話卷三：「蒙古人，有能祈雨者，輒以石子數枚，浸於水盆中玩弄，口念呪語，多獲應驗。石子名曰鮓荅，乃走獸腹中之石，大者如鷄子，小者不一。但牛馬者為貴，恐亦是牛黃狗寶之類。」

輟耕錄卷四「禱雨」：「往往見蒙古之禱雨者，非若方士然，至於印令旗劍，符圖氣訣之類，一無所用。惟取淨水一盆，浸石子數枚而已。其大者若鷄卵，小者不等。然後默持密呪，將石子淘漉玩弄，如此良久，輒有雨。豈其靜定之功已成，特假此以愚人耳，抑果異物耶。石子名鮓荅，乃走獸腹中所產，獨牛馬者最妙，恐亦是牛黃狗寶之屬。」按：畣，古荅字。

亦稱箚答，與鮓畣，音同字異，二者為一。堅硬若石，其色不一。有青黃赤白綠黑諸色。不唯生於牛馬腹中，且蜥蜴之尾根，野豬之頭腹中亦生。祈雨，則用柳條繫之，置水中。祈風，則囊之馬尾。祈陰，則囊於腰，各有其呪，所祈輒應。

新疆輿圖風土考卷四「物產」：「箚答，堅如石，青黃赤白綠黑色不一，大小亦不齊。生牛馬腹中，亦生蜥蜴尾根，及野豬頭腹中者，尤良。回人祈雨，則柳條繫之，置淨水中，即雨。祈風，則囊之，懸馬尾上。祈陰，則囊之腰橐。各有祈之呪，莫不響應。回人及土尔扈特，額魯特，多於夏日長行，用以辟暑之用，謂箚答，喇嘛下之，尤速。」

## 十四　納盋

納盋，

歷代宮詞二卷「明周王一百首」：「上都四月衣金紗，避暑隨鑾即是家。納盋北來天氣冷，內園栽種牡丹花。」

歷代宮詞二卷「明周王一百首」：「鬼赤遙摧駝鼓鳴，短簷毡帽傍車行。上京咫尺山川好，納盋南來十八程。」

亦稱納鉢，

元史卷九十「百官六」：「經正監，秩正三品，掌營盤納鉢，及標撥投下草地，有詞訟則治之。」

納寶，

灤京雜詠：「納寶盤營象輦來，畫簾氈瓊九重開。大臣奏罷行程記，萬歲聲傳龍虎臺。」

巴納。

扈從集「前序」：「大駕北巡上京，例當扈從，是日啟行。次大口，留信宿。歷皇后店，皁角，至龍虎臺，皆巴納也。」

四者，字異音同，實則為一。乃車駕行幸，宿頓之所。

扈從集「前序」：「國語巴納者，猶漢言宿頓所也。」

元代諸帝，歲幸上都，東出西回，輦道所經之諸巴納，其駐蹕宿頓之時間，僅一兩日，或稍頓而已。

扈從集「前序」：「至正十二年……，四月二十六日，大駕北巡上京……。五月一日，過居庸關而北……。自車坊，黑谷至此，凡三百一十里。皆山路崎嶇，兩岸懸崖隋壁，深林復谷，中則亂石犖确……。近沙嶺，則土山連亘……，過此則朔漠平川……。以是月十九日，抵上京。凡巴納十有八，為里七百五十有奇，為日二十四……。」

扈從集「後序」：「車駕既幸上都，以是年……七月……二十二日，發上都而南，是日宿六十里店巴納……。由興和，行三十里，過野狐嶺，嶺上為巴納。地甚高，風寒凜栗，不可留。山石犖确，中央深澗，夏秋多水，盤折而下平地……。遂以八月十三日，至京師。凡歷巴納二十有四，為里一千九十又五，此輦路西還之所經……。」按：自上都至京師，凡二十一日，歷巴納二十四。

白海行宮，置雲需總管府，建鷹房，秋必校獵，自上都駐蹕於此。

扈從集「前序」：「至察罕諸爾，云然者，猶漢言白海也。其地有水濼，汪洋而深不可測……。其地有行在宮，曰亨嘉殿……。置雲需總管府，秩三品……。居民可二百餘家，又作土屋養鷹，名鷹房……。駐蹕于是，秩必校獵焉。」

納盋之稱，源自契丹。

遼史卷三十二「營衛志中、行營」：「遼國盡有大漠，浸包長城之境，因宜為治。秋冬違寒，春夏避暑，隨水草畋漁，歲以為常。四時各有行在之所，謂之捺鉢。」

然遼之捺鉢，與元代之納盋，其制，最大差別，一為遼代四時捺鉢，元代則否。二為遼代之四時捺鉢，駐蹕同一捺鉢，為時以旬計，元代則以時、日計。且駐蹕之開平，號上都，而無納盋之稱。蓋遼主春捺鉢，駐蹕鴨子河，自三月上旬，至四月下旬，為時五旬。夏捺鉢，自五月下旬，或六月上旬，多駐蹕吐兒山，為時五至六旬。

遼史卷三十二「營衛志中、行營、春捺鉢」：「曰鴨子河濼，皇帝正月上旬，起牙帳，約六十日方至。天鵝未至，卓帳冰上，鑿冰取魚水泮，乃縱鷹鶻捕鵝雁。晨出暮歸，從事弋獵鴨河。」

遼史卷三十二「營衛志中、行營、夏捺鉢」：「無常所，多在吐兒山……。四月中旬，起牙帳，卜吉地為納涼所。五月末旬，六月上旬至，居五旬，與北南臣僚，議國事，暇日遊獵，七月中旬乃去。」

秋冬駐蹕之捺鉢，雖不據時日。然秋駐蹕伏虎林，入山射鹿。冬駐蹕廣平淀，牙帳多於此坐冬。與北南大臣，會議國事，時出校獵講武，兼受諸國貢禮，為時亦非數旬不可。

遼史卷三十二「營衛志中、行營、秋捺鉢」：「曰伏虎林，七月中旬，自納涼處起牙帳，入山射鹿……。令獵人吹角，效鹿鳴，既集而射之，謂之舐鹹鹿，又名呼鹿。」

遼史卷三十二「營衛志中、行營、冬捺鉢」：「曰廣平淀……，冬月稍暖，牙帳多於此坐冬。與北南大臣，會議國事，時出校獵講武，兼受南宋，及諸國禮貢。」

且捺鉢之建設，至為簡陋。與元代斡耳朵之價值連城相較，有雲壤之別。

遼史卷三十二「營衛志中、行營、冬捺鉢」：「皇帝牙帳，以槍為硬寨，用毛繩連繫，每槍下，黑氈傘一，以芘衛士風雪……。禁圍南，有省方殿。殿北約二里，曰壽寧殿。皆木柱竹榱，以氈為蓋，彩繪韜柱，錦為壁衣，加排繡額。又以黃布繡龍為地障，牕槅皆以氈為。」

草木子卷三「雜制篇」：「元君立，另設一帳房，極金碧之盛。」

待制集卷五「觀錫喇鄂爾多御宴回」自註：「車駕駐蹕，命賜近臣，灑馬嬭子。宴設氈殿失刺斡耳朵，深廣可容數千人。」

然遼之捺鉢與元之納盋最大之不同，一為遼四時捺鉢，元代則否，二為遼至四時捺鉢，駐蹕之時日，以旬計，元代則以時日計，蓋遼主四旬。……（按：此篇以下結語，筆者作古歸西未能完篇，就此作罷，懇請方家讀者，納諒海涵。）

## 十五　弓鞋

宋代中原婦女，已纏足，着弓鞋。

二家宮詞卷下「宋、楊太后」：「日日尋春不見春，弓鞋踏破小除芸。棚頭宣入紅粧隊，春在金樽己十分。」

山谷詞「滿庭芳」：「初綰雲鬟，才勝羅衣，便嫌柳巷花街。占春才子，容易託行媒。其柰風流債負，煙花部，不免差排。劉郎恨，桃花片片，流水惹塵埃。風流賢太守，能籠翠羽，宜醉金釵，且留取垂楊掩映廳堦。直待朱幡去後，從伊便窄襪弓鞋。知恩否，朝雲暮雨，還向夢中來。」

元代亦如之，且美其名曰金蓮。

石田文集卷五「翰林故事莫勝於唐宋聊述舊擬宮詞十首」：「禁鐘初動趣傳宣，衣袖薰香到御前。漸近宮門扶下馬，內官分引導金蓮。」

靜思集卷三「美人折花歌」：「美人折花粉牆曲，花前背立雲鬟綠。乍愛薔薇染絳霞，還惜海棠破紅玉。素手纖纖羅袖殷，心情凝想金刀寒。低枝未吐精神少，高花開遍顏色殘。花刺鈎衣花落手，草根露濕弓鞋繡。紫蝶黃蜂俱有情，飛撲餘香趁人久。情知人老不似花，花枝折殘良可嗟。明朝棄擲粧臺側，綠陰青紫愁天涯。」

宮庭着弓鞋者，乃中原婦女。

歷代宮詞二卷「明，周王一百首」：「宮裏前朝駕未迴，六宮迎輦殿門開。簾前三寸弓鞋露，知是軟軟小姐來。」

歷代宮詞二卷「明、周王一百首」：「梨花素臉髻盤龍，南國嬌娃乍入宮。無柰胡姬皆咲倒，亂將脂粉與添紅。」

歷代宮詞二卷「明、周王一百首」：「月錢常是散千緡，大例關支不是恩。南國女官呼姓字，只愁國語不能翻。」

盖蒙古婦女，家負奇重，絕未纏足。

蒙韃備錄箋證「婦女」：「其俗，出師不以貴賤，多帶妻孥而行。自云：用以管行李，衣服，錢物之類。其婦專管，立氈帳，收卸鞍馬，輜重，車馱等物事，極能走馬。」

多桑蒙古史第一卷第一章「其風俗」：「女子頗辛勤，助其夫收養家畜，縫衣，製氈，御車，載駝，敢於乘馬，與男子同。男子不獵捕之時，則多消其光陰，於懶惰之中。」

廣百川學海乙集「夷俗記、帽衣」：「凡衣服冠履，一切巨細之事，皆出其手。夫自持弓射獵外，一無所事事也。」

纏足，或謂始於六朝。

升菴集卷六十八「弓足」：「墨莊漫錄考，婦女弓足，起於李後主。予按樂府雙行纏，知其起於六朝。」

或謂始自南唐李後主。至宋熙寧，元豐以降漸盛。且以不為者，為恥。

輟耕錄卷十「纏足」：「張邦基墨莊漫錄云：婦女之纏足，起於近世。前世書傳，皆無所自……。惟道山新聞云，李後主宮嬪窅娘，纖麗善舞。後主作金蓮，高六尺，飾以寶物，細帶纓絡，蓮中作品色瑞蓮。令窅娘以帛纏足，令纖小，屈上作新月狀，素韈舞雲中，迴旋有凌雲之態。唐鎬詩云，蓮中花更好，雲裏月長新，因窅娘作也。由是人皆效之，以纖弓為妙。以此知札脚，自五代以來方為之。如熙寧，元豐以前，人猶為者少。近年則人相效，以不為者，為恥。」

咸以三寸金蓮，纖小為美。

全元散曲「喬吉、小令、睡鞋兒」：「雙鳳銜花宮樣彎，窄玉圈金三寸慳。綠窗靜翠簾閑，似錦鴛日晚，並宿雕闌。」

全元散曲「無名氏、仙呂、醉中天、詠鞋」：「料想人如畫，三寸玉無瑕。底樣兒分明印在沙，着眼柳條兒比下。實實不耍，陰乾時刻兩個桃牙。」

全元散曲「劉庭信、越調、寨兒令、戒嫖蕩」：「身子纖，話兒甜，曲躬躬半彎羅襪尖。統鏝倈忺，愛錢娘嚴。着你便積裹漸裹病懨懨，肉鰾膠把蟲隻難粘。鑹鈎子將野味難撏，火燒殘桑木劍，水渰濕紙糊枕，砍的這風月擔兒兩頭尖。」

醒世姻緣「第一回」：「那個計氏……，下面雖然不是三寸金蓮，然也不是半朝鑾駕。」意謂，計氏脚雖非大，然纖小不足，故有此非讚溢之評。

恒加讚賞，謂之美如新月。

鐵崖古樂府卷二「邯鄲美人、為趙娘賦也」：「邯鄲市上美人家，美人小襪青月牙。綉靴對着平頭鴉，平頭鴉，蹋塲下，下包銀，馱細馬。」

妙似鳳頭尖，玉鈎。

四聲猿「雌木蘭替父從軍、第一齣、油葫蘆」：「生脫下半折凌波襪一彎，好些難，幾年價纔收拾得鳳頭尖，急忙的改抹做航兒泛，怎生就湊得滿幫兒楦。」

全元散曲「張氏、套數、南呂、青衲襖、偷期」：「蹙金蓮雙鳳頭，纏輕紗一虎口。我見他笑撚鮫綃過鴛甃，敢眉下轉將他心事留。占鶯花第一儔，正芳年恰二九。恰二九，生的來體態輕盈，皓齒朱唇，不能够並香肩同攜手。」按：蹙，促也，迫也。

升菴集卷四十「題周昉瓊枝夜醉圖」：「金縫緗裙一搦，玉鈎羅襪雙彎。瓊腴粉英朝翠，錦緻松脂夜舟。」

全元散曲「仇州判、小令、中呂、陽春曲、和酸齋金蓮」：「窄弓弓怕立蒼苔冷，小顆顆宜踏軟地兒而行。鳳幃中觸抹着把人蹬，狠氣性，蹬死我也不嫌疼。」

輒手捧把玩。

兼以舉步維艱，柳腰款擺，玉體輕搖，若玉樹之臨風，益增嬌艷。

霏雪錄卷下：「鋕厓楊君居吳淞，一日路義道，招顧仲瑛與厓同飲……。厓寄玉山詩云：桃花港口小蠻娘，腰身楊柳隨風揚。翡翠屏深未肯出，蹋歌直待踏春陽。」

全元散曲：「張可久、小令、黃鍾、人月圓、湖上即事」：「盈盈嬌步小金蓮，瀲瀲春波暖玉船。行行草字輕羅扇，詩魂殢酒邊，水光花貌嬋娟。眉淡淡初三月，手摻摻第四絃，為我留連。」

全元散曲「禿廝兒」：「瘦怯怯金蓮窄穩，嬌滴滴皓齒朱唇，肌如美玉無玷損，但見了，總消魂，絕倫。」

全元散曲「無名氏、仙呂、醉中天、詠鞋」：「粉面如花朵，雲髻綰香螺。眉拂春山翠碧波，唇墜櫻桃顆。一捻腰肢裊娜，宜行宜坐，強如月裏姮娥。」

故迷戀之尤甚者，筵飲時，，置盞於弓鞋以行酒，謂之鞋盃。

金瓶梅「第六回」：「少頃，西門慶又脫下他一隻綉花鞋兒，擎在手內，於一小盃酒在內，吃鞋盃耍子。婦人道：奴家好小脚兒，官人休要笑話。」

全元散曲「劉時中、小令、中呂、紅綉鞋、鞋盃」：「幫兒廋弓弓地嬌小，底兒尖恰恰地妖嬈，便有汗浸兒酒蒸做異香飄。瀲瀲得些口兒潤，淋漉得拽根兒漕，更怕那口淹噆的涴了。」

亦稱金蓮盃。

輟耕錄卷二十三「金蓮盃」：「楊鐵崖，耽好聲色，每於筵間，見歌兒舞女，有纏足纖小者，則脫其鞵，載盞以行酒，謂之金蓮盃，予竊怪其可厭。後讀張邦基，墨莊漫錄，載王深輔道，雙鳧詩云：時時行地羅裙掩，雙手更擎春瀲灧。傍人都道不須辭，儘做十分能幾點。春柔淺醮蒲萄暖，和笑勸人教引滿。洛塵忽浥不勝嬌，剗蹈金蓮行款款。觀此詩，則老子之踈狂，有自來矣。」

明太祖之馬皇后，雖出身寒門。

廣百川學海甲集「椒宮舊事」：「皇后馬氏，本宿州馬三之女。馬三以忿爭殺人，恐犯于法，移家定遠。及天下亂，乃挈皇后母，避兵他所，而以皇后托郭子興。

後子興首難，自為元帥。收鄉兵，皇祖歸焉。子興以其單居，欲為娶。夫人勸子興，以女馬氏配之。及即位，正號中宮，是為孝慈皇后。」

然世稱賢后。

明史卷一百十三「后妃一、太祖孝祠高皇后」：「疾亟，帝問欲言。曰：願陛下求賢納諫，子孫皆賢，臣民得所而已。是月丙戌崩，年五十一。帝慟哭，遂不復立后。是年九月庚午，葬孝陵，諡曰孝慈皇后。宮人思之，作歌曰：我后聖慈，化我家邦。撫我育我，懷德難忘。懷德難忘於萬，斯年毖彼下泉，悠悠蒼天。」

按「孝祠」，為孝慈之誤。

因未纏足，京師之人，竟繪婦女赤足，懷抱西瓜。喻言淮西婦好大脚，蓋后祖貫淮西。帝微行見之，大怒，誅附近居民。於此可知，世人對纏足之重視。即貴為皇后，亦敢卑視，加以戲謔。

翦勝野聞：「太祖嘗於上元夜微行，京師時俗，好為隱語，相猜以為戲。乃畫一婦人赤脚，懷西瓜，衆譁然。帝就視，因喻其旨，謂淮西婦人好大脚也，其啣之。明日命軍士，大僇居民，空其室，蓋馬皇后，祖貫淮西故云。」

## 十六　金靈馬、撒荅海

元代宮車宴駕，殮畢，靈車，由蒙古巫媼騎馬，牽馬一匹，以黃金飾鞍轡，納失失為籠，謂之金靈馬前行，送至墓地。使護其靈魂，歸祖靈之所。

元史卷七十七「國俗舊禮」：「凡宮車晏駕……，殮訖……，輿車，用白氊青綠納失失，為之簾，覆棺，亦以納失失為之。前行，用蒙古巫媼一人，衣新衣騎馬，牽馬一匹，以黃金鞍轡，籠以納失失，謂之金靈馬……，至所葬陵地。」

此俗，源於鮮卑。蓋鮮卑人戰死，棺殮，以彩绳纓牽養肥之犬至墓地，並死者之衣物，戰馬而焚之，使護其靈魂，歸於赤山。二者雖一用馬，一用犬，然其意則同。

後漢書卷一百二十「烏桓」：「烏桓……俗貴兵死，斂屍以棺，有哭泣之哀。至葬，則歌舞相送。肥養一犬，以彩绳纓牽，並死者所乘馬衣物，皆燒而送之。言以屬累犬，使護死者神靈，歸赤山。赤山，在遼東西北數千里。如中國人死，魂神歸岱山也。」

按烏桓，鮮卑，同為東胡，習俗亦同。漢初，匈奴滅東胡，族人潰散。部份退保烏桓山，鮮卑山，因以為號。故烏桓之俗，亦鮮卑之俗。

後漢書卷一百二十「烏桓」：「烏桓者，本東胡也。漢初，匈奴冒頓滅其國。餘類保烏桓山，因以為號焉。」

後漢書卷一百二十「鮮卑」：「鮮卑者，亦東胡之別支也。依鮮卑山，故因號焉。

其言語習俗，與烏桓同。」

### 撒荅海

蒙俗，婦女生產，皆大事慶祝。后妃生皇子皇孫，即賜百官金銀彩緞，謂之撒荅海。

元史卷七十七「祭祀志、國俗舊禮」：「凡后妃妊身，將及月辰，則移居于外氈帳房。若生皇子孫，則錫百官以金銀綵段，謂撒荅海。及彌月，後還內寢，其帳房，則以頒賜近臣云。」

富貴之家，生產三日，即椎牛置酒，大宴親友鄰里，謂之米喇兀。

廣百川學海「乙集、夷俗記卷上、生育」：「夷人產育男女……，越三日……，椎牛置酒，召親戚鄰里相會飲，名曰米喇兀。產母初產時，即飲食如常，不避風寒。即所產之孩，亦不避風寒……。晁錯所稱，風雨罷勞，饑渴不困，中國弗與也，蓋自孩提而然哉！」

## 十七　比甲、塔納珠

比甲，明周王有詩吟之。

歷代宮詞卷二「明周王一百首」：「比甲裁成虎豹皮，着來暖勝黑貂裘。嚴冬較獵昌平縣，上馬方纔賜貴妃。」

乃元世祖后，為帝便於騎射，用虎豹皮，裁成之獵裝。無領，無袖，無衽，前短後長，綴以兩襟。

元史卷一百十四「后妃」：「世祖昭睿順聖皇后，名察必，弘吉剌氏……。胡帽，舊無前簷，帝因射，日色炫目，以語后。后即益前簷，帝大喜，命為式。又製一衣，前有裳無衽，後長倍于前，亦無領袖，綴以兩襻，名曰比甲，以便弓馬，時皆倣之。」

塔納珠

明周王有詩咏此珠。

歷代宮詞卷二「明周王一百首」：「隊裏惟誇三聖奴，清歌妙舞世間無。御前供奉蒙恩寵，賜得西洋塔納珠。」

夫餘產大珠如酸棗。

後漢書卷一百十五「夫餘國……，出名馬赤玉貂豽，大珠如酸棗。」

王國維謂：塔納珠，東珠也。宋人謂之北珠，大如彈子，小者若桐子。出遼東海汊中，冬鑿冰入水採之。金時，盡有產珠之地，官自採之，故金末，藏珠最多，徽宗時，北珠尤多入中國。

觀堂集林卷第十六「史林八、塔納」：「塔納，秘史旁注及譯文均云大珠，即今東珠也。東珠之名，起於近世，然中國漢魏時已知之……。宋人甚重之，謂之北珠……。至徽宗時，此珠尤多入中國……。北珠之大者如彈子，而小者若桐子，皆出遼東海汊中……。北方沍寒，九十月則冰厚已盈尺，鑿冰沒水而取之……。金時，盡有產珠之地，故官自採捕……，故金之末年，藏珠為最多……。太宗時，西方之報達國，亦令歲貢塔納思……。然報達之塔納思，恐係西海所產珠之大者，蒙古人，漫以東方之名，名之耳……。」

## 十八　納失失、只孫衣

納失失，又稱納石失，金錦，納克實。

元史卷七十七「國俗舊禮」：「凡宮車晏駕……，覆棺亦以納失失為之。」

元史卷七十八「輿服一、冕服」：「玉環綬制，以納石失，金錦也。」

輟耕錄卷三十「金靈馬」：「凡宮車宴駕……，前行用蒙古巫媪……，牽馬一匹，以黃金飾鞍轡，籠以納克實，謂之金靈馬。」

為黃金抽絲，與彩色絲線所織成。

馬哥孛羅遊記「這裏講大可汗生日時所舉行的大宴會」：「在他生日那天，大可汗穿着……，絲和金製成的……衣服。」

織金，亦稱金織，為金絲所織成。

元史卷一百十六「后妃、裕宗徽仁裕聖皇后」：「一日裕宗病，世祖往視，見牀上設織金臥褥。世祖慍而語之曰：我嘗以汝為賢，何乃若此耶。后跪答曰：常時，不曾敢用，今為太子病，恐有濕氣，因用之，即時徹去。」

馬哥孛羅遊記「這裏講宣德州城同別的地方」：「其人民皆是回回教徒……，製造納石失……。他們也有許多各種金絲織品。」

元太祖滅花剌子模，俘虜工匠三萬人，分賜其諸子，妻妾，功臣。

多桑蒙古史第卷第七章：「撒馬耳干居民，被殺者，為數亦衆，括餘民，成吉思汗，取工匠三萬人，分賞其諸子，諸妻，諸將。」

復置站赤，即驛站，於焉東西之交通，為之洞開。

元史卷一百一「兵四、站赤」：「元制，站赤者，驛傳之譯名也。蓋以通達邊情，布宣號令……。於是……梯航畢達，海宇同會，元之天下，視前代，所以為極盛也。」

故畏吾兒之商人，工匠，咸集於宣德一帶，成為納失失，織金之產銷中心。

馬哥孛羅遊記「這裏講宣德州城同別的地方」：「我們離開天德軍省……，沿途我們見到，許多城市同集鎮，其人民皆是回回教徒……，他們人依靠做買賣，同手藝為生，製造納石失，同納克兩種金布。此外，也造各種絲製紡織品……。他們也有許多各種金絲織品，他們臣屬大可汗。」

國家慶典，皇帝所著之只孫衣，冬十一種，夏十五種，以及賞賜功臣，與怯薛一萬二千人，每人十三套之只孫衣，皆由納失失所製成。

新元史卷九十五「輿服志一、質孫」：「質孫，漢言一色服也，內庭大宴，服之……。天子質孫，冬之服，凡十有一等，服納失失。」

馬哥孛羅遊記「這裏講大可汗生日時所舉行的大宴會」：「在他生日那天，大可汗穿着奇怪的金葉禮服，一萬二千的達官顯宦和勇士，也穿同樣……絲和金製成的……。大可汗每年有十三次，分賞華麗的禮服，給這一萬二千達官和勇士們，這些禮服，全和他自己的相似，價錢很貴。」

宮車宴駕，靈輿之簾，覆棺所用，皆為納失失。金靈馬，亦用納失失為之罩籠。

元史卷七十七「國俗舊禮」：「凡宮車宴駕……，輿車用白氊青綠納失失為簾，覆棺亦用納失失為之。前行……牽馬一匹，以黃金飾鞍轡，籠以納失失，謂金靈馬。」

只孫衣，亦稱質孫衣，濟遜衣。

歷代宮詞二卷「明周王一百首」：「健兒千隊足如飛，隨從南郊露未晞。鼓吹聲中春日曉，御前咸着只孫衣。」

新元史卷九十五「輿服志一、質孫」：「天子質孫……，服納失失。」

輟耕錄卷三十「濟遜宴服」：「濟遜宴服者，貴臣見饗於天子，則服之，今所賜絳衣是也。」

其制，色式統一。

新元史卷九十五「輿服志一、質孫」：「質孫，漢言一色服也。內庭大宴，則服之……。凡勳戚近侍，賜則服之。」

馬哥孛羅遊記「這裏講大可汗生日時所舉行的大宴會」：「在他生日那天，大可汗穿着奇怪的金葉禮服，一萬二千的達官顯宦和勇士，也穿同樣顏色和相同式樣的衣服。」

上下尊卑，以精粗，花紋，有無珠寶為飾而分之。

新元史卷九十五「輿服志一、質孫」：「凡勳戚大臣近侍，賜則服之。下至於樂工衛士，皆有其服。精粗之制，上下之別，雖不同，總謂之質孫云……。天子質孫……，綴大珠於金錦……，金繡龍五色……。」

輟耕錄卷三十「濟遜宴服」：「濟遜宴服者……，貫大珠以飾其肩背間，膺首服亦如之。」

近光集卷一「詐馬行、有序」：「國家之制，乘輿北幸上京，歲以六月吉日，命宿衛大臣及近侍，服所賜濟遜珠翠金寶衣冠腰帶，盛飾名馬……。」

且太宗曾詔令，婦人製只孫衣，不如法者，騎牛示衆，聚財，為之更娶。

元史卷二「太宗」：「六年……五月……，諭條令……，諸婦人製濟遜燕服，不如法者……，乘以騬牛，徇部中論罪，即聚財，為更娶。」

至織金之為用，除可製前引之金褥，尚可製金鞭，金腰帶等。

鐵崖古樂府卷二「蹋踘篇、為劉娘賦也」：「金鞭齊停馬上郎，落花旋風打毬場。繡輪擲過東家牆，東家牆，噪雙燕，平頭奴，搖便面。」

馬哥孛羅遊記「這裏講大可汗生日所舉行的大宴會」：「他們全有大金帶子。」

## 十九　姑姑冠

元代后妃，及大臣正室，皆帶姑姑冠，次者，則皮帽姑姑。

草木子卷三「雜制篇」：「元朝后妃，及大臣之正室，皆帶姑姑，衣大袍。其次，即帶皮帽姑姑，高員二尺許。」

歷代宮詞卷二「明周王一百首」：「侍從皮帽總姑麻，罟罟高冠勝六珈。進得女真千戶妹，十三嬌小喚茶茶。」

因其末，如鵝鴨，故曰故故冠。

長春真人西遊記注卷上：「婦人冠……，其末如鵝鴨，名曰故故。」

又稱顧姑冠，故姑冠。四名，音同字異，實則一也。

蒙韃備錄箋證「婦女」：「凡諸酋之妻，則有顧姑冠。」

黑韃事略箋證：「其冠……，婦女頂故姑。」

初用樺皮，後用畫木，或鐵絲結成，高二三尺，如竹夫人。籠以紅綃，金帛，錦綉。頂出一杖，包以青氈，紅青絨。

長春真人西遊記箋證卷上：「婦人冠以樺皮，高二尺許。往往以皁褐籠之，富者以紅綃。」

蒙韃備錄箋證「婦女」：「冠用鐵絲結成，形如竹夫人，長三尺許。用紅青錦繡，或金珠飾之。其上又有杖一枝，用紅青絨飾之。」

黑韃事略箋證：「霆見故姑之製，用畫木為骨，包以紅綃金帛。頂之上，用四直尺長柳枝，或鐵打成枝，包以青氈。」

位高者，飾以翠花，五彩帛，令其飛動。

黑韃事略箋證：「其向上人，則用我朝翠花，或五采帛飾之，令其飛動。」

歷代宮詞卷二「明周王一百首」：「寶殿遙開佩玉珊，侍朝常是奉宸歡。要知各位恩深淺，只看珍珠罟罟冠。」

元明事類鈔卷二十四「罟罟冠」：「明夏雲英詩，要知各位恩深淺，只有珍珠罟罟寇。」

若唐之金步搖寇。

草木子卷「雜制篇」：「姑姑高員二尺許，用紅色羅，蓋唐金步搖冠之遺制也。

次者，用野鷄毛為飾。

黑韃事略箋證：「以下人，則用野鷄毛。」

元末，通插雉尾。

黑韃事略箋證：「案此所云，故姑之製，乃蒙古舊俗。至元末，則上下通插雉尾。」

歷代宮詞卷二「周明王一百首」：「騎來駿馬響金鈴，蘇合薰衣透體香。罟罟珠冠高尺五，暖風輕裊鶡鷄翎。」

因冠高，出入幄帳，輒須低徊，且忌人觸。

長春真人西遊記注：「婦人冠……，名故故，大忌人觸，出入廬帳，須低徊。」

乘車，則拔雉尾，付侍女持之，對坐車中。

灤京雜咏：「香車七寶固姑袍，旋摘修翎付女曹。別院笙歌承宴早，御園花簇小金桃。」自注：「凡車上戴固姑，其上羽毛，又尺許，拔付女侍手持，對坐車中，雖后妃駝象亦然。」

## 二十　斡耳朵

元代諸帝，所居穹廬，稱斡耳朵，且各有斡耳朵。盖一君棄世，其斡耳朵，屬其后妃守之。新君嗣位，則另立斡耳朵。

草木子卷三「雜制篇」：「元君立，另設一帳房，極金碧之盛，名為斡耳朵。及崩，即架閣起。新君立，復自作斡耳朵。」

元史新編卷七十八「志四、禮、陵寢」：「一帝棄世，則以此帳，屬后妃守之，或二后共守一帳。嗣后子孫，世有守帳之人。和林太祖四大帳殿，及太宗帳殿，中葉尚存，是其明證。每新君立，復別置帳殿，帝帝皆然。」

又稱鄂爾多。

金臺集卷二「錫喇鄂爾多觀詐馬宴奉次貢泰甫授經先生韻」：「詔下天門御墨題，龍崗開宴百官齊。路通禁籞聮文石，幔隔香塵鎮水犀。象輦時從黃道出，龍駒牽向赤墀嘶。繡衣珍帽佳公子，千騎揚鑣過柳堤。」按：錫喇，黃也。

窩裏陀，金帳，氈帳。

黑韃事略箋證：「凡韃主獵帳所在，皆曰窩裏陀……。霆至草地時，立金帳……。

大氈帳……柱皆以金裹，故名。」

幄殿。

復古詩集卷四「宮詞」：「北幸和林幄殿寬，鈎麗女侍婕妤官。君王自賦昭君曲，敕賜琵琶馬上彈。」

待制集卷四「同楊仲禮和袁集賢上都詩十首、其六」：「幄殿層雲障，轅積雪峰。奇鷹皆戴角，御馬盡飛龍。瀚海將臨幸，云亭望陟封。青丘大羽獵，有事待玄冬。」

行殿。

石田集卷四「丁夘上京四絕」：「山雨晴時已是秋，苑中行殿日華浮。長揚十萬旌旗宿，不使飛霜入畫樓。」

清容居士集卷十五「次韻答陳明復、再次韻」：「行殿風高十二旗，碧雲深處紫流離。相如獻賦誰能繼，有客瀛洲獨立時。」

帳殿。

元史新編卷七十八「志四、禮、陵寢」：「元宮殿之外，別有帳，名斡尔朵。金碧輝煌……。」

斡耳朵，上下用氈，塗以羊脂，以禦雨浸。柱用香用，雕刻裹金，壁衣悉用金錦，飾以銀鼠，黑貂皮。

黑韃事略箋證：「霆見……大氈帳上下用氈為衣……。柱皆以金裹……。」

多桑蒙古史第二卷第六章「拔都帳」：「帳以氈為之，上塗羊脂羊乳，以禦雨水……，帳壁全佈金錦。」

馬哥孛羅遊記「這裏講大可汗如何打獵捕捉野獸和飛禽」：「在這兩大廳中，各有三根香木柱子，雕刻渡金……。裏面鑲列着，世界上最美麗，最貴重的銀鼠和黑貂皮。」

又稱，壁衣皆紫貂，繞腰掛虎皮，外施雄獅皮。

可閒老人集卷二「輦下曲」：「壁衣面面紫貂為，更繞腰闌掛虎皮。大雪外頭深一尺，殿中風力豈曾知。」

馬哥孛羅遊記「這裏講大可汗如何去打獵捕捉野獸和飛禽」：「在這兩大廳……外面，蓋着獅子皮。非常麗，帶黑紅白三色條紋，佈置極佳，風雨不能損害內部。」

簾用錦綉，繫斡耳朵之彩繩，皆為絲製。

雁門集卷三「上京即事」：「行殿參差翡翠光，朱衣花帽宴親王。繡簾齊卷薰風起，十六長魔舞袖長。」

待制集卷五「觀錫喇鄂爾多御宴回」：「毳幕承空掛繡楣，綵繩亘地掣文霓。辰旂忽動祠光下，甲帳徐開殿影齊。芍藥名花圍簇坐，蒲萄法酒拆封泥。御前賜酺千官醉，恩覺中天雨露低。」自註：「車駕駐蹕，命賜近臣，咱馬妳子御宴。」

馬哥孛羅遊記「這裏講大可汗如何去打獵捕捉野獸和飛禽」：「縛綁大廳和寢室的繩子，都是絲製成的。」

深廣可容數百人，或千人。

黑韃事略箋證：「霆至草地……，大氈帳……，可容數百人。」

元史新編卷七十八「志四、禮、陵寢」：「斡尔朵，金碧輝煌，層層結構，棕毳與錦綉相錯，高敞帡幪，可庇千人，每帳殿所費巨萬。」

馬哥孛羅遊記：「這裏講大可汗如何去打獵捕捉野獸和飛禽」：「他臨朝用的帳篷，是非常的大，可以容納一千武士。」

甚至數千人。

柳待制集卷五「觀失剌斡耳朵御宴回」：「毳幕承空挂繡楣，綵繩亘地掣文霓。辰旂忽動祠光下，甲帳徐開殿影齊。芍藥名花圍簇坐，葡萄法酒拆封泥。御前賜酺千官醉，恩覺中天雨露低。」自註：「車駕駐蹕，命賜近臣灑馬嬭子，宴設氈殿失剌斡耳朵，深廣可容數千人。上京五月，芍藥始花。」

鐵崖古樂府卷七「白翎鵲辭」，稱斡耳朵為「斡朵」，殊誤。盖「斡朵」，為「斡朵」之誤。「斡朵」，更為斡耳朵之誤。

鐵崖古樂府卷七「白翎鵲辭」：「按國史脫必禪曰：世皇畋于柳林，聞婦哭甚哀。明日，白翎鵲飛集幹朵上，其聲類哭婦，上感之，因侍臣製白翎鵲詞。」且四庫全書，待制集卷五「觀錫喇鄂爾多御宴回」，刪除原詩自註：「深廣可容數千人，上都芍藥，五月始花。」亦顯為錯誤。

請參閱前引待制集，柳待制集之自註。

乾隆集舉國精英，修四庫全書，編修以上，皆飽學之士，即謄錄，亦多舉人。兼以層層分工，嚴加督修，理當完美無缺。然竟有諸多錯誤，且均與滿清之利害無涉。作者淺陋，僅所涉元史部份，即有六十七處顯誤。

元史鉤沈：「一、文淵閣四庫全書，有關元人記載，若干令人矚目之問題、〈一〉至〈六十五〉。」

所以如此者，當因有人不避凶險，偷工，留錯，使之美中不足。

四庫禁燬書叢刊：「編纂後記」：「四庫全書，所收典籍，大都經過刪改，或編校者，鈔寫者，有意沒意偷工，留錯，內容失真……。而具有難以分辨性，甚至欺騙性。」

## 二十一　撒花

元代蒙人，只是撒花。亦譯曰掃花，撒和。

黑韃事略箋證：「霆見韃人，只是撒花，無一人理會得賈販。」

觀堂集林卷第十六「史林八、掃花」：「秘史蒙文卷三有掃花一語……。案掃花，元人亦云撒花，亦云撒和。」

因凡事撒花，故名目繁多。凡拜見、逢節、生日、迎送、勾追、論訴、宴請、中途歇馬等，無不撒花。

大元國朝聖政典章「典章二、聖政一、止貢獻」：「庚申年四月初六日，詔書內一款節該，開國以來，庶事草創，既無俸祿以養廉，縱賄賂以為蠹。凡事撒花……，拜見撒花等……。」

草木子卷四「雜俎篇」：「問人討錢，各有名目。所屬始參，曰拜見錢。無事白要，曰撒花錢。逢節曰追節錢，生辰曰生日錢，管事而索，曰常例錢。迎送曰人情錢，勾追曰齎發錢，論訴曰公事錢，覓得錢多曰得手……。」

觀堂集林卷第十六「掃花」：「招致省憲僚史，翹傑出群者款之，名曰撒和。凡人有遠行者，至巳午時，以草料飼驢馬，謂之撒和。」

彭大雅嘗謂，撒花即見物即欲，漢言覓也。

黑韃事略箋證：「見物即欲，謂之撒花……。撒花者，漢語覓也。」

葉子奇亦稱，無事白要，謂之撒花。

草木子卷四「雜俎篇」：「問人討錢……，無事白要，曰撒花錢。」

雖蒙人細故交訟，直造韃主，亦用撒花。可知撒花，乃蒙古故俗，亦人情之常。

黑韃事略箋證：「雖至細交訟事，亦用撒花。直造韃主之前，然終無予決而去。」

王國維氏亦言，撒花為人情，人事銀。

觀堂集林卷第十六「掃花」：「秘史蒙文卷三，有掃花一語。旁譯與譯，幷云人事……，猶云人情也……，所謂人事銀也。」

然由「無非取給於民」，「隨韃人行打，恣作威福。」「北軍要討撒花銀，官府行移逼市民。」可知撒花，乃仗勢強要，威嚇勒索之謂。蓋拜見、生日、逢節、迎送等錢，非給不可，已成強取豪奪。

大元國朝聖政典章「典章二、聖政一、止貢獻」：「凡事撒花等物，無非取給於民。」

黑韃事略箋証：「燕京市學，多教回回字，及韃人譯語。纔會譯語，便做通事，便隨韃行打。恣作威福，討得撒花，討得事物吃。」

水雲集卷一「醉歌」：「北軍要討撒銀，官府行移逼市民，丞相巴延猶有語，學中要揀秀才人。」

且蒙古名將伯顏，平宋還至揚州，下令搜查將士行理，盡沒收其撒花銀。鑄成銀錠，每錠五十兩。若非強奪之銀，乃人情之餽贈，伯顏何至悉沒入官。故撒花，昔在蒙古為人情。然至中原，已成強索之謂。頗類所謂不樂之捐，唯強制性極強，非給不可。故撒花之含義，已較前變質。

欽定續通典卷十三「食貨、錢幣下、元、明」：「至元……十三年……。是年平宋，回至揚州，丞相巴延，令搜撿將士行李，所得撒花銀子，銷鑄作錠，每錠五十兩。鋌上字號，揚州元寶。」

輟耕錄卷二十「銀錠字號」：「銀錠上字號，揚州元寶。乃至元十三年，大兵平宋，回至揚州，丞相巴延，號令搜撿，將士行理，所得撒花銀子，銷鑄作錠，每重五十兩，歸朝獻納。世祖大會皇子，王孫，駙馬，國戚，從而頒賜，或用貨賣……。遼陽元寶，乃至元二十三年，二十四年，征遼東，所得銀所鑄。」按皇帝賞賜至親，每人為數豐厚，人數又衆，故平宋將士，所取之撒花銀，當在數萬兩以上。故撒花之人數既多，為數亦巨。

元史卷一百二十七卷「伯顏」：「蒙古八鄰部人……，十一年大舉伐宋……。事畢還朝，歸裝唯衣被而已。」

蒙古官民士兵，所以事事撒花，蒙古之故俗使然。蓋蒙古文官武將士兵，一切生活戰備所需，悉由自理。

元史卷九十六「食貨四、俸秩」：「官必有祿，所以養廉也。元初未置祿秩。」

新元史卷一百一「兵志四、軍糧」：「元初用兵四方，士卒以私財自贍。」

然至中原，因無法帶其畜群，游牧左右，以供生活之所需，故凡事撒花，以維生計。待世祖之世，定俸祿，貴族亦有封地，歲賜，五戶絲，生活富裕，安定。

元史卷九十六「食貨四、俸秩」：「官必有祿，所以養廉也……。世祖即之初，首命給之。」

元史卷九十五「食貨三、歲賜」：「凡諸王后妃公主，皆有食采分地……，其賦則五戶出絲一斤，不得私徵之……。其歲賜，則銀幣有差。」

故延祐七年，撒花乃行禁絕。

大元國朝聖政典章「典章二、聖政一、止貢獻」：「庚申年四月初六日詔書……，凡事撒花……，為害非細，始自朕躬，斷絕斯弊……。」按庚申，延祐七年。

此外，札奇斯欽氏則謂，撒花即收養。

蒙古秘史新譯並註釋「第一一四節」：「我們的軍隊，得着一個被失落在營地……，名叫曲出的五歲男孩，就拿來送給訶額侖母親收養了。」四、收養原文作「掃花」，旁譯作「人事」。

## 二十二 斡脫

「斡脫」，即斡耳朵之異譯，用字雖不同，其音近似。按斡耳朵，亦稱帳殿，金碧輝皇，乃元代皇帝之所居。

草木子卷三「克謹篇」：「元君立，另設一帳房，極金碧之盛，名為斡耳朵。及崩，即架閣起。新君立，復自作斡耳朵。」

元朝文類卷四十二「廬帳」：「我朝居朔方，逐水草，無常居，故為穹廬，以便移徙。後雖定邦邑，建宮室，而行幸上都，春秋往返，跋涉山川，遂乃固故俗為帳殿，房車，以便行李，其不欲興土木，以勞民之意，亦仁矣哉。」

「斡脫官錢」，乃斡耳朵，即斡脫中之資金，亦即皇家資金之謂。

新元史卷七十四「食貨志六、斡脫官錢」：「斡脫官錢者，諸王妃主，以錢借人，如期并其子母徵之。」

黑韃事略箋證：「自韃主，以至偽諸王，偽太子，偽公主等，皆付回回以銀，或貸之民，而衍其息。」

黑韃事略箋證：「霆見韃人……，自韃主以下，只以銀與回回，令其自去賈販以納息。」

亦稱斡脫錢。

大元國朝聖政典章「典章二十七、戶部十三、錢債、斡脫錢、斡脫錢為民倚閣」、「大德二年八月二十日，江西行省，近有蒙古文字譯，呵吉只大王令子，蠻子田地裏，屬俺的斡脫錢，本錢利錢不納……。」

故用皇家資金，貸款與人，亦稱斡脫。

元史卷五「世祖二」：「至元元年……八月……，中書條格，定立諸王……，不得以銀，與非投下人為斡脫。」

元朝文類卷四十「投下」：「諸王邑司，與其所受賜湯沐之地，得自舉人。然必以名，聞諸朝廷，而後授職，不得通于他官。」

從事皇家資金，貸款與民之人，即稱「行運斡脫的人」，「斡脫每」，「斡脫商人」。

大元國朝聖政典章「典章二十二、戶部八、鹽課、新降鹽法事理」：「諸王公主駙馬位下，行運斡脫人等，及官豪勢要之家……，赴倉支鹽，不得欺凌倉官。」

大元國朝聖政典章「典章二十七、戶部十三、錢債、斡脫錢、行運斡脫錢事」：「至元二十年二月十八日……，奉聖旨，斡脫每底勾當，為您的言語是上麼道，交罷了。行來，如今尋思呵，這斡脫每的言語……。」按每，即們。

大元國朝聖政典章「典章五十一、戶部十三、諸盜三、防盜、商賈於店止宿」：

「中統五年八月初四日，欽奉聖旨，條畫內一款，往來旅客斡脫商賈……，必須於村店設立巡防弓手，去處止宿。其間若有失盜，勒令本處巡防弓手，立限根捉……。」

然蒙兀兒史記謂，斡脫，即猶太，殊令人不解。

蒙兀兒史記卷八「忽必烈可汗本紀第六下」：「二十八年……，夏四月……，詔凡負斡脫，即猶太銀者，出入皆以鈔為則。」

蓋以猶太代斡脫，則前引文獻，皆語意不通。如「斡脫官錢」，為「猶太官錢」。「不得以銀，與非投下為斡脫。」為「不得以銀，與非投下為猶太。」「行運斡脫的人」，為「行運猶太的人」。「斡脫每」，為「猶太每」，均顯為不妥。且斡脫，為斡耳朵之譯音，與猶太之讀音，相去甚遠。斡脫官錢，乃皇家資金，與猶太亦無關聯。行運斡脫的人，為回回，回鶻，更與猶太無涉。

黑韃事略箋證：「自韃主以下，只以銀與回回，令其自去賈販，以納息。」

元朝名臣事略卷五「中書耶律文正王」：「所在官吏，取借回鶻債銀。」

按猶太，古之閃族，亦稱希伯來，信奉摩西所創之猶太教。

猶太教概論「猶太教的淵源」：「猶太教……，其始祖，亞伯拉罕為閃族。」

猶太教概論「猶太教的創立、背景」：「摩西創立猶太教……。因他生當希伯來民族。」

摩罕默德，所創之回教，亦稱回回教。凡信奉回教之國家，亦稱回回國，人稱回回。

清真教考「天方國」：「此國即默伽國也……，奉回回教門。」「每年至十二月十日，各回回人。一二年遠路的，也到堂內禮拜。」

清真教考「回回國」：「自此以西，曰撒馬兒罕……，曰蒲加剌等，皆回回國也。」

回鶻，即回紇，亦稱畏吾兒。其國，初信薩蠻，後信偶像教，且反回教最力。

二十五史補編第六冊「元史氏族表二、色目」：「畏吾兒，本回鶻之裔。音轉為畏吾，或云畏兀，或云偉兀，或云衛兀，或云衛吾，其實一也。」

多桑蒙古史第一章「附錄五、畏吾兒」：「當時，畏吾兒人，信仰名曰珊蠻之術士……。諸信仰偶像者，在汗前誦聖經若干則，諸珊蠻不能對。由是畏吾兒，首先皈依偶像之教，東方偶像教徒之與回教為敵者，無能逾畏吾兒者。」

故猶太，回回，回鶻，既非同族，信仰亦異，謂斡脫即猶太，尤見不宜。

斡脫錢，為禍甚烈。（一）、利息太高，借貸，以子為母，展轉十年，借銀一錠，須還一千二十四錠，號羊羔利。

元朝名臣事略卷五「中書耶律文正王」：「借回鶻債銀，周年則倍之，次年則併息又倍之，謂之羊羔利。」

黑韃事略箋證：「一錠之本，展轉十年，其息一千二十四錠。」元朝名臣事略卷八「左丞姚文獻公」：「紲負債，則賈豎不得以子為母，如牸生牸牛，十年千頭之法破。」

（二）、斯時，殺伐粗定，役繁賦重。人民纖弱，不堪其負，地方官吏，乃以羊羔利，向回鶻商人貸款，以供上輸，而追償於民。民賣田舍，終不能償。令長逃債，多委印去。元朝名臣事略卷十「宣撫使張公」：「板蕩後，民耗弱，不任差役。官從賈豎貸子錢，以充貢賦，謂之羊羔利。歲久，來責所負，例配徵民伍，有破產不能償。」元朝名臣事略卷七「丞相史忠武王」：「自乙未版籍後，政煩賦重，急於星火，以民猝不能辦，有司貸賈豎子錢代輸，積累倍稱，謂之羊羔利。歲月稍積，操籍來徵，民至賣田鬻妻子，有不能給者。」牧庵集卷二十五「磁州滏陽高氏墳道碑」：「壬子，天下大料民戶，歲入銀四兩。民已無所于得，州縣迫征不休。回鶻利之，為卷，出母錢代輸。歲積倍償，不足，則易子為母，不能十年，闔郡委積，數盈百萬，令長逃債，多委印去。」

（三）、國初，盜賊充斥，朝廷詔令，凡失竊週歲，不能破案，追還所失，令本路民戶代償。回鶻商人，亦偽遭夜偷，或稱被劫，責償於民。有司遂向回鶻商賈，以羊羔利貸款還之，令人民代償。民破家散族，以妻子為質，終無力以償之。

元朝名臣事略卷五「中書耶律文正王」：「國初，盜賊充斥，商賈不能行，則下令，凡有失盜去處，周歲不獲賊，令本路民戶，代償其物。前後累積，動以萬計。及所在官吏，取借回鶻債銀……，積而不已，往往破家散族，至於以妻子為質，終不能償。」

黑韃事略箋證：「回回……或詐稱被劫，而責償於州縣民戶。」「或託夜偷，而責償於民。」

（四）、民間貸款，亦採羊羔利。徵還之暴，民不勝其毒。

元朝名臣事略卷七「平章廉文正王」：「富民貸款民間，至本息相當，責入其本，又以其息為券，歲月責償，號羊羔利。其徵取之暴，如夏以火迫，冬置凌室，民不勝其毒。」

故至元四年，設斡脫總管府。至元八年，設斡脫所，掌斡脫錢之追徵。

元史卷六「世祖三」：「至元四年……十二月……，立諸位斡脫總管府。」

新元史卷七十三「食貨志六，斡脫官錢」：「至元八年，立斡脫所，以掌其追徵之事。」

且詔令，借羊羔利者，子母相侔，即償還一本一利，不再生息，餘皆取卷焚之。

元朝名臣事略卷五「中書耶律文正王」：「官吏取借回鶻債銀……，謂之羊羔利……。仍奏定，今後不以歲月近遠，子本相侔，更不生息，遂為定制。」

大元國朝聖政典章「典章二十七、戶部十三、錢債、私債、錢債止還一本一利」：

「民間私借錢債，驗原借底契，止還一本一利。」

元朝名臣事略卷七「平章廉文正王」：「富民貸錢民間……，號羊羔利……。雖歲月踰久，毋過本息對償，餘皆取券焚之，後著之令。」

追徵債銀，不得強拖人口頭匹，籍其子妻。

新元史卷七十三「食貨志示，斡脫官錢」：「中統二年，定諸王投下，取索債負人員……，毋得將欠債官民人等，強行拖拽人口頭匹……。大德二年，諸王阿只吉，索斡脫錢，命江西行省，籍負債者子婦……，移中書省罷其事。」

至元二十九年，詔貧民無力者，免其追徵。大德二年，禁權豪斡脫。

新元史卷七十三「食貨志六，斡脫官錢」：「至元二十九年，復詔窮民無力者，免其本利追徵……。大德元年，禁權豪斡脫。」

延祐七年，遂詔令，撒花，斡脫，並行禁絕。

大元國朝聖政典章「典章二、聖政二、止貢獻」：「庚申四月初六，詔……撒花……斡脫……，並行禁絕，內外官吏，視此為例。」

## 二十三　蒙古重戰死之俗源自鮮卑

烏桓自為匈奴所破，即臣服匈奴。西漢武帝，遣霍去病，大破匈奴左地。因徙烏桓於塞外，上谷等五郡，以為助。

後漢書卷一百二十「烏桓」：「烏桓自為冒頓所破，衆遂孤弱，常臣服匈奴。歲輸牛馬羊皮，過時不具，輒沒妻子。及武帝遣霍去病，擊破匈奴左地，因徙烏桓於上谷、漁陽、右北平、遼東五郡塞外，為漢偵察匈奴動靜。」

東漢光武帝，建武二十二年，匈奴內亂，烏桓乘機擊之，匈奴北遁，漠南地空。

後漢書卷一百二十「烏桓」：「光武……建武……二十二年，匈奴國亂，烏桓乘弱擊破之。匈奴轉北，徙數千里，漠南地空。」

和帝時，復大敗北匈奴。匈奴西奔，漠北之域，悉為鮮卑所有。

後漢書卷一百二十「鮮卑」：「和帝永元中，大將軍竇憲，遣右校尉耿夔破匈奴，北單于逃走，鮮卑因此，轉據其地。」

北匈奴雖遠遁，仍有十餘萬，留居故地，且自稱鮮卑人。故鮮卑融有匈奴，重戰死之俗。

史記卷一百十「匈奴列傳第五十」：「戰而扶輿死者，盡得死者家財。」

後漢書卷一百二十「鮮卑」：「其言語習俗，與烏桓同。」

後漢書卷一百二十「烏桓」：「俗貴兵死。」

兼以鮮卑，契丹，室韋，均東胡之裔。

史記卷一百十「匈奴列傳第五十」：「燕北，有東胡山戎……。冒頓既立，是時，東胡彊盛……。西侵與匈奴間，有棄地莫居千餘里，各居其邊，為甌脫……。東胡初輕冒頓，不為備。及冒頓以兵至擊，大破滅東胡王，而虜其民人，及畜群……。」

後漢書卷一百二十「鮮卑」：「鮮卑者，亦東胡之支也。別依鮮卑山，故因號焉。」

唐書卷二百十九「北狄」：「契丹，本東胡種。其先為匈奴所破，保鮮卑山。魏青龍中，部酋比能，稍桀驁，為幽州刺史，王雄所殺。衆遂微，逃潢水之南，黃龍之北。至元魏，自號契丹，地直京師東北五千里……。」

唐書卷二百十九「北狄」：「室韋，契丹別種……。分部凡二十餘，曰嶺西部，山北部，駱丹部……，西有烏素固部……，稍東有塞昌部……，南有蒙瓦部……。」

按蒙瓦，即蒙古。

契丹，室韋，亦無重戰死之俗。

隋書卷八十四「契丹、室韋」：「契丹……其俗，頗與靺鞨同，好為寇盜。父母死而悲哭者，以為不壯。但以其屍，置於山樹之上，經三年之後，乃收其骨而焚之。因酹而祝曰：冬月時向陽，食若我。射獵時，使我多得豬鹿。其無禮，頑嚚於諸夷。」

唐書卷二百十九「北狄」：「室韋……其俗，富人以五色珠垂領，婚嫁，則男先傭女家三歲，而後分以產，與婦共載，鼓舞而還。夫死不再嫁，每部共構大棚，死者寘屍其上，喪期三年。土少金鐵，率資於高麗。器有角弓，楛失，人尤善射。每溽夏，西保貣勃，次對二山。山多草木鳥獸，然苦飛蚉，則巢居以避。酋帥死，以子弟繼，無則推豪桀立之。率乘牛車，蘧蒢為室，度水則束薪為桴，或以皮為舟。馬則草韉，繩羈靮。所居或皮蒙，或屈木以蘧蒢覆，徙則載而行。其畜無羊少馬，有牛不用。有巨豕，食之，韋其皮服之若席，其語言，靺鞨也。」

故蒙古重戰死之俗，源自鮮卑。其法：戰死，其奴載歸，獎以死者畜群。他人，則盡有死者之妻奴畜群。

黑韃事略箋證：「其從軍而死也，駝其屍以歸。否則，罄其資橐而瘞之。霆見其死於軍中者，若奴婢能自駝其主屍首以歸，止給以畜產。他人致之，則全有其妻奴畜產。」

中原累世，亦重兵死。然其制，則賜以財物，追贈官職，旌表其家，建廟祀之。與蒙古以死者妻奴畜群為償之俗，大相逕庭。

舊唐書卷一百八十七上「忠義上」：「敬君弘，絳州太平人……。武德中，為驃騎將軍，封黔昌縣侯。掌屯營兵於玄武門，加授雲麾將軍。隱太子建成之誅也，其餘黨馮立謝叔方，率兵犯玄武門。君弘挺身出戰……，乃與中郎將呂世衡，大呼而進，並遇害。太宗甚嗟賞之，贈君弘屯衛大將軍，世衡右驍騎衛將軍。」

宋史卷四百四十六「忠義一」：「曹覲，字仲賓……。皇祐中，以太子中舍，知封州。儂智高叛，攻陷邕管，趨廣州，至封州。州人未嘗知兵，士卒纔百人，不任戰鬥，又無城隍以守……。覲率從卒決戰，不勝被執……。賊知其無降意，害之。至死詬賊聲不絕，投屍江中，時年三十五。事聞，贈太常少卿……。後田瑜安撫廣州，乃為覲立廟封州。」

廣百川學海「殉身錄」：「癸卯四月，友諒以重兵來圍洪都日久，守將朱文正，遣使告急請援。七月，上率諸將，統舟二十萬，往討之。諒解圍，東出鄱陽湖，以迎我師。遇于康郎山，歷戊子巳丑庚寅等日，連與大戰。一時諸臣，多效死者，凡三十六人。韓成，宋貴，王勝……，王理，王仁，曹信。建祠于康郎山，歲時祭之。」

## 二十四　行帳八珍

元代諸帝，春水秋山行獵，尚食佳餚，有行帳八珍。

雙溪醉隱集卷六「行帳八珍詩」：「往在宜都，客有請述，行帳八珍之說，則此行厨八珍也。一曰醍醐，二曰麆沆，三曰駞蹏羹，四曰駞鹿唇，五曰駞乳糜，六曰天鵝炙，七曰紫玉漿，八曰元玉漿。」

湛淵集「續演雅十詩」：「八珍殽龍鳳，此出龍鳳外。荔枝配江䖴，徒誇有風味。」註：「謂迤北八珍也。所謂八珍，則醍醐，麆沆，野駝蹄，鹿唇，駝乳糜，天鵝炙，紫玉漿，玄玉漿也。」

一麆沆。用皮囊盛馬乳，以杵挏之，挏萬杵，味香醇濃，謂之麆沆，奄蔡語也，亦稱挏馬酒。

雙溪醉隱集卷六「行帳八珍詩、麆沆」：「麆沆，馬酮也。漢有挏馬注曰：以韋革為兜，盛馬乳挏治之，味酢可飲，因以為官。又禮樂志，大官挏馬酒注曰：以馬乳為酒，言挏之味酢，則不然。愈挏治，則味愈甘。逾萬杵，香味醇濃甘美，謂之麆沆。麆沆，奄蔡語也，國朝因之。」「玉汁溫醇體自然，宛然靈液漱甘泉。要知天乳流膏露，天也分甘與酒仙。」

二駞蹏羹。野駞蹄為羹，絕味佳餚。

雙溪醉隱集卷六「行帳八珍詩、駞蹏羹」：「康居南鄙，伊麗迆西，沙磧斥鹵地，往往產野駞，與今雙峰家駞無異。肉極美，蹄為羹，有自然絕味。」

「獨擅千金濟美名，資緣遺味更騰聲。不應也許教人道，衆口難調傳說羹。」

二駞鹿唇。

雙溪醉隱集卷六「行帳八珍詩、駞鹿唇」：「駞鹿北中有之，肉味非常，唇殊絕美，上方珍膳之一也。」「麟脯推教冠八珍，不甘滕口說猩唇。終將此意須通問，曾是和調玉鼎人。」註謂：「世號猩唇冠八珍之首。呂氏春秋，伊尹說曰：肉之美者，猩猩之唇。」

四醍醐。酪之極品，盖乳成酪，酪成酥，酥成醍醐。好酪一石，僅成醍醐三四升。

雙溪醉隱集卷六「行帳八珍詩、醍醐」：「衆珍彈壓倒湻熬，甘分教人號老饕。饕大名非癡醉事，待持杯酒更持螯。」按：末句增一字、誤。

五駞乳麋。駞乳，性溫味甘，補中益氣。麋肉，味甘無毒，益氣補中。合而燉之，味美大補。

飲膳正要卷第三「獸品」：「駞乳，性溫味甘，補中益氣。壯筋骨，令人不饑。」「麋肉，味甘無毒，益氣補中……，通血脈，潤澤皮膚。」

六天鵝炙。金頭天鵝，水禽極品。薰烤之，味甘殊絕。益人氣力，利臟腑。

飲膳正要卷第三「禽品」：「天鵝，味甘，性熱無毒，主補中益氣。鵝有三四等，金頭鵝為上，小金頭鵝為次。有花鵝者，有一等鵝，不能鳴者，飛則翎響，其肉微腥，皆不及金頭鵝。」
本草綱目卷四十七「禽之一、鵠」：「釋名、天鵝……。肉氣味甘平，無毒。主治，醃炙食之，益人氣，利臟腑。」

七紫玉漿。疑為紫駝之乳，蓋駝，亦稱紫駝。
玩齋集卷五「和胡士恭灤陽納鉢即事韻五首」：「紫駝峰挂葡萄酒，白馬鬃懸芍藥花。繡帽官傳旨出，黃門伴送內臣家。」
可閒老人集卷二「塞上謠」：「野蠶作繭絲玉玉，乳鷄浴沙聲谷谷。駱駞妳子多醉人，氊帳雪寒留客宿。」按駞乳，另加挏製。

八元玉漿。即馬妳子。亦稱馬湩。
湛淵集「續演雅十詩」：「八珍殺龍鳳……。」註謂：「玄玉漿，即馬妳子。」
灤京雜詠：「內宴重開馬湩澆，嚴程有旨出丹霄。羽林衛士桓桓集，太僕龍車欵欵調。」注謂：「馬湩，馬妳子也。每年八月，開馬妳子宴，始奏起程。太僕寺，掌馬者。」
穆天子傳卷四「古文」：「因具牛羊之湩。」注謂：「湩，乳也。今江南人，亦呼乳為湩。」
湛然居士集卷四「謝馬乳復用韻二首」：「生涯簞食與壺漿，空憶朝回衣惹香。

筆去餘才猶可賦，酒來多病不能觴。松窗雨細琴書潤，槐館風微枕簟涼。正與文君謀此渴，長沙美湩送予嘗。」其二「肉食從容飲酪漿，羞酸滑膩更甘香……，只許詩人合得嘗。」

## 二十五　黃鼠

黃鼠，味極肥美，如豚子而脆。遼金元時，均以羊奶飼之，置官守之，不可擅取，以為御食之獻，千里餽贈之珍。

本草綱目卷五十一下「獸之三、黃鼠、集解」：「味極肥美，如豚子而脆……。遼金元時，以羊乳飼之，用供上膳。以為珍饌，千里贈遺。」

欽定古今圖書集成博物彙編禽虫典第八十二卷「鼠部彙考、黃鼠、霏雪錄」：「元朝恒為玉食之獻，置官守其處，人不得擅取也。」

故柳貫，貢師泰，納延，袁桷，均有詩以詠之。

待制集卷五「還次桓州」：「寒雨初乾草未霜，穹廬秋色滿沙埸。割鮮俎上薦黃鼠，獻獲鞍間懸白狼。別部烏桓知幾族，他山稽落是何方。長雪西北天如水，想見旌旗瀚海光。」

玩齋集卷五「和胡士恭灤陽納鉢即事韻」：「蕎麥花深野韭肥，烏桓城下客行稀。

健兒掘地得黃鼠，日暮騎羊齊唱歸。」

金臺集卷二「塞上曲」：「馬乳新挏玉滿缾，沙羊黃鼠割來腥。踏歌盡醉營盤晚，鞭鼓聲中按海青。」

清容居士集卷十五「上京雜詠」：「上國饒為客，天涼眼倍青。白魚沙際網，黃鼠草間翎，芍藥圍紅斗，厤姑綴玉釘。漸知陳骨換，振佩接青冥。」

黃鼠，又名禮鼠，拱鼠，䶂鼠，貔貍。

本草綱目卷五十一下「獸之三、黃鼠、釋名」：「時珍曰：黃鼠晴時，則出坐穴口，見人則交其前足，拱而如揖，乃竄入穴。即詩所謂，相鼠有體，人而無禮。韓文所謂，禮鼠拱而立者也。古文謂之䶂鼠，遼人呼為貔貍。」

產於沙漠，大同，太原，延綏。

本草綱目卷五十一下「獸之三、黃鼠、集解」：「黃鼠，出太原，大同，延綏，及沙漠諸地，皆有之，遼人尤為珍貴。」

形類大鼠，色黃，足短，善走，極肥。

本草綱目卷五十一下「獸之三、黃鼠、集解」：「狀類大鼠，色黃而足短，善走極肥。」

穴居，穴中作榻狀，為牝牡所居。秋季，啣忝菽草木之實，以禦寒。各有小窖，分儲之。

欽定古今圖書集成博物彙編禽虫典第八十二卷「鼠部彙考、霏雪錄、黃鼠」：「北方黃鼠穴處，各有配匹。人掘其穴者，見其中作小土窖，若床榻之狀，則牝牡所居處也。秋時，蓄黍菽，及草木之實，以禦冬。各為小窖，別而貯之。」

掘其穴，或用水灌，以捕之。

至正集卷十三「黃鼠」：「北產推珍味，南來怯陋容。瓠肥宜不武，人拱若為恭。發掘憐禽獮，招徠或水攻。君毋急盤饌，幸自不穿墉。」

唯畏地猴，亦稱鼠狼，入其穴，即擒而出。

欽定古今圖書集成博物彙編禽虫典第八十二卷「鼠部彙考、霏雪錄、黃鼠」：「惟畏地猴，地猴形極小，人馴養之，縱入其穴，則啣黃鼠，喙曳而出之。」

本草綱目卷五十一下「獸之三、黃鼠、集解」：「最畏鼠狼，入穴啣出也。」

按地猴，鼠狼，即黃鼠狼，亦名鼬鼠，形小，善捕鼠及禽畜，能制蛇虺。

本草綱目卷五十一下「獸之三、鼬鼠、釋名」：「黃鼠狼，鼪鼠……，地猴。時珍曰：按廣雅，鼠狼即鼬也。江東呼為鼪，其色黃赤如柚，故名。此物健於捕鼠及禽畜，又能制蛇虺。」

## 二十六　黃羊

黃羊，北陲異品，久名佳餚，飫而不羶，元代上貢御膳。

灤京雜詠：「嘉魚貢自黑龍江，西域葡萄酒更良。南土至奇誇鳳髓，北陲異品是黃羊。」自註：「黃羊北方所產，御膳用。」

鷄肋篇卷中：「老杜送從弟亞赴河西判官詩云：黃羊飫不羶，蘆酒多還醉，盖謂此也。」

九家集注杜詩卷四「送從弟亞赴安西判官」：「南風作秋聲，殺氣薄炎熾……。令弟草中來，蒼然請論事。詔書引上殿，奮舌動天意……。黃羊飫不羶，蘆酒多還醉……。」

故張翥，馬祖常，王惲，均有詩以吟之。

蛻菴集卷二「送鄭喧宣伯赴赤那思山大斡耳朵儒學教授四首、其三」：「野散千軍帳，雲橫萬里川。寒多雨是雪，日近海為天，黑黍供甘釀，黃羊飽割鮮。廣文但少客，寧處坐無氊。」

石田集卷三「駕發上京」：「蒼龍對闕夾天閽，秋駕凌晨出國門。十里貔貅騎騕褭，一雙日月繡旗旛。講蒐獵較黃羊圈，賜宴恩沾白獸尊。赫奕漢家人物盛，馬卿有賦在文園。」

秋澗集卷三十二「噶布拉川在上都西北七百里外董侯承旨扈從北迴遇於榆林酒間

因及今秩大獮之盛書六絕以紀其事」：「今年秋獮殢林秋，青兕黃羊以萬籌。搖吻戍兒欣有語，好雲從此到南樓。」

又名羳羊，以腹下色黃，故名黃羊。

爾雅注疏卷十一「牛屬」：「羳羊黃腹，腹注，腹下黃。」

關右沙漠多產之，無角，色類麞麂，皮可為衾褥。

雞肋編卷中：「關右塞上有黃羊，無角，色類麞麂，人取其皮，以為衾褥。」

白黃羊，生於野草之中。黑尾黃羊，生於沙漠，能走善臥，走不成群。

飲膳正要卷第三「獸品」：「黃羊……，白黃羊，生於野草內。黑尾黃羊，生於沙漠中，能走善臥，走不成群。」

味甘無毒，補中益氣，治勞傷虛寒。腦不可食，骨髓可食，能補，益人。

飲膳正要卷第三「獸品」：「黃羊，味甘無毒，補中益氣，治勞傷虛寒……。其腦不可食，骨髓可食，能補，益人。」

## 二十七　阿剌吉酒

阿剌吉酒，又名燒酒，火酒，元代所創。

本草綱目卷二十五「穀之四、造釀類二十九種、酒」：「燒酒、釋名：火酒，阿刺吉酒。集解：時珍曰：燒酒非古法也，自元時始創。」

盖塞外酷寒，始過偏嶺，即不可洗臉。再北，輒凍脫耳鼻。

灤京雜詠：「驅車偏嶺客南還，始見胡姬笑整鬟。誰信片雲三十里，寒暄只隔此重天。」註：「過人到偏嶺之北，面不可洗，頭不可梳，冷極故也。」

灤京雜詠：「出塞書生瘦馬騎，野雲片片故相隨。凍生耳鼻雪堪理，冷入肝腸酒強支。」註：「凡凍耳鼻，以雪揉之方回，近火則脫。」

即開平，亦片雲三尺雪，一日四時天。

清容居士集卷十六「開平第四集」：「開平昔賢有詩：片雲三尺雪，一日四時天，曲盡其景。」

故蒙人嗜酒以禦寒。宮廷大宴，供酒千石萬斛。元代創此酒，當由乎此。

可閒老人集卷二「輦下曲」：「黃金酒海贏千石，龍杓梯聲給大筵。殿上千官多取醉，君臣胥樂太平年。」

灤京雜詠：「葡萄萬斛壓香醪，華屋神仙意氣豪。酬節涼糕猶未品，內家先散小絨絲。」

其法，用好酒蒸熬，取露而成。

飲膳正要卷三「米穀品、酒」：「阿刺吉酒……，用好酒蒸熬，取露，成阿刺吉。」

或用濃酒，和糟蒸之，承其露，即成。

本草綱目卷二十五「穀之四、造釀類二十九種、酒、燒酒」：「集解，時珍曰……，其法，用濃酒，和糟入甑，蒸令氣上，用器承取露滴。」

後惟以米，或黍，或秫，或大麥，和麯釀之七日，蒸取其露遂成。

本草綱目卷二十五「穀之四、造釀類二十九種、酒、燒酒」：「集解，時珍曰……，近時，惟以糯米，或粳米，或黍，或秫，或大麥，和麯釀甕中七日，以甑蒸取。」

清如井泉，氣味甘辣，極濃烈。

草木子卷三「雜制篇」：「哈剌基酒，極釀烈，其清如水，蓋酒露也。」

飲膳正要卷三「米穀類、酒」：「阿剌吉酒，味甘辣，大熱，有大毒。」

多飲輒醉。

歷代宮詞二卷「明周王一百首」：「獨木涼亭錫宴時，季季巡幸孟秋期。紅妝小伎頻催酒，醉倒胡兒阿剌吉。」

若用燒酒數十斤，再蒸取露，埋地下二三年，則尤濃烈，三四杯即醉。

本草綱目卷二十五「穀之四、造釀類二十九種、酒、燒酒」：「集解，時珍曰……，以燒酒，復燒二次……，蠟封，埋土中二三年，絕去燒氣，取出用之……，飲三四盃即醉，價值數倍也。」

醉則經宿不解。

弁山小隱吟錄卷二「阿剌吉」：「阿剌吉，酒之精。清如井泉花，白於寒露漿。一酌嚨胡生剌芒，再酌肝腎猶沃湯。三酌顛倒相扶將，身如瓠壺水中央。天地日月為奔忙，經宿不解大蒼黃。阿剌吉，何可當。」

## 二十八 葡萄酒

葡萄酒，為元代宮廷宴饗，供酒之一。

歷代宮詞二卷「明周王一百首」：「棕殿巍巍西內中，御宴簫鼓奏春風。諸王駙馬咸稱壽，酌滿葡萄吹玉鐘。」

多桑蒙古史第二卷第六章「覲見蒙哥」：「寶座附近有一銀製大樹，四銀獅承之。口吐葡萄酒，馬湩，蜜酒，米酒，於四銀盤中。樹頂一銀製天使，矗立其上，手執喇叭，司酒人酌酒於外櫃，酒通於樹下時，喇叭即發聲。」憲宗和林殿中，置銀製巨大酒櫃，中儲馬湩酒，葡萄酒，蜜酒，米酒。

本草綱目卷二十五「穀之四、造釀二十九種、酒、葡萄酒」：「集解……，時珍曰……，取葡萄數十斤，同大麴釀酢，取入甑蒸之，以器承其滴露。」其釀製之法，有多種。用葡萄數十斤，同大麴釀酢，蒸而取之。

取葡萄汁，同麴，如常釀米飯而成。

本草綱目卷二十五「穀之四、造釀二十九種、酒、葡萄酒」：「集解……，時珍曰……，釀者，取汁同麴，如常釀糯米法。」

此外，置葡萄于盎中，待其枝枯汁出，即成酒。

元明事類鈔卷二十五「絞漿成酒」：「安邑多蒲桃，人不知有釀酒法……。嘗見蒲桃，在空盎上，枝蒂已乾，而汁流盂中，飲之，良酒也。」

將汁封而埋之，稍久，亦成酒，埋愈久，味愈佳。

元明事類鈔卷二十五「絞漿成酒」：「有自西域來者云：大食人，絞蒲桃漿，封而埋之，未幾成酒，愈久愈佳。」

存數十年，亦不敗。

山居新話卷三：「尚醞蒲萄酒，有至元大德間，所進者尚存，聞者疑之。余觀西漢大宛傳，富人藏蒲萄酒萬石，數十年不敗，自古有之矣。」

其味甘辛，色紅，若瑪瑙漿，雖醉易醒。

本草綱目卷二十五「穀之四、造釀二十九種、酒、葡萄酒」：「集解……，醉而易醒……，色紅可愛……，氣味甘辛。」

酒分數等，哈剌火者，所產最佳。西蕃次之，平陽太原者，又次之。

飲膳正要卷三「米穀品、酒」：「葡萄酒……，酒有數等，有西蕃者，有哈刺火者，有平陽太原者，其味都不及哈刺火者，田地酒最佳。」

更有久藏之冰葡萄酒，其中一塊，水份揮發極為純淨，嚴冬不冰。飲之，令人透腋而死。

草木子卷三「雜制篇」：「每歲於冀寧等路，造葡萄酒，八月至太行山中，辨其真偽。真者不冰，傾之，則流注。偽者雜水，即冰凌而復堅。其久藏者，中有一塊，雖極寒，其餘皆冰，而此不冰，蓋葡萄酒之精液也。飲之，則令人透腋而死。」

## 「附」麋酒

麋酒，契丹早期，以麋肉釀成。

契丹交通史料七種「胡嶠陷虜記」：「常作鹿鳴，呼鹿而射之，食其生肉，能釀麋為酒。」

契丹交通史料七種「胡嶠陷虜記」：「醉則縛之而睡，醒而後解，不然，則殺人。」

醉則縛之而睡，醒始解之，否則殺人。

按酒多以穀，果，蛇，獸骨製成。用肉釀酒，雖有龜肉酒，羊羔酒等，然並不多見。故飲膳正要，本草綱目，均不載此酒。

本草綱目卷二十五「穀之四、造釀二十九種、酒」：「花蛇酒，烏蛇酒，蚺蛇酒，蝮蛇酒，龜肉酒，虎骨酒，麋骨酒，鹿茸酒，戊戌酒，羊羔酒，膃肭臍酒。」

飲膳正要卷三「米穀品，酒」：「虎骨酒，枸杞酒，地黃酒，松節酒，茯苓酒，松根酒，羊羔酒，五加皮酒，腽肭臍酒，小黃米酒，葡萄酒，阿剌吉酒，速兒麻酒。」

麋肉，味甘溫，無毒。麋脂，氣味辛溫，亦無毒。

本草綱目卷五十一「獸之二、麋」：「麋脂，一名官脂……，氣味辛溫，無毒……。肉，氣味甘溫，無毒。」

酒醉，所以殺人，盖酒大熱有毒，易人本性。兼契丹人。性好殺戮，有以致之。

飲膳正要卷三「米穀品」：「酒，味甘辣，大熱有毒……，易人本性。」

契丹交通史料七種「胡嶠陷虜記」：「又南，奚與契丹同，而人好殺戮。」

## 二十九　乞里麻魚

乞里麻魚，又名鱘魚，鱏魚，鮪魚，王鮪，碧魚。

本草綱目卷四十四「鱗之四、鱘魚、釋名」：「鱏魚，鮪魚，王鮪，碧魚……。

今遼人，名乞里麻魚。」

飲膳正要卷第三「魚品」：「乞里麻魚。」

季春，天子薦鮪魚，以祭太廟，故稱王鮪。鮪之大者，曰王鮪。小者，曰叔鮪。更小者，曰鮥子。

本草綱目卷四十四「鱗之四、鱘魚、釋名」：「月令云，季春，天子薦鮪於寢廟，故有王鮪之稱。郭璞云：大者名王鮪，小者名鮛鮪，更小者，名鮥子。」相傳，登萊人尉魚言，樂浪尉仲明，溺海卒，化為此魚，故名「尉魚」。尉，蓋鮪之訛耳。

本草綱目卷四十四「鱗之四、鱘魚、釋名」：「毛詩疏義云：遼東登萊人，名尉魚言：樂浪尉仲明，溺海死，化為此魚，蓋尉亦鮪之訛耳。」

自周而降，累世祭祖太廟，皆以鮪魚為獻，故鮪魚，異乎他魚，因為貴。胡助有詩吟之。欽定古今圖書集成「博物彙編禽蟲典、第一百三十八卷、鱘鰉魚部、鮪」：「周禮𪆟人，春獻王鮪。周頌，季冬薦魚，春獻鮪……，皆特獻之者。以其及時，可貴也。」

可閒老人集卷二「輦下曲」：「遼東羞貢入神廚，祭鮪專車一丈魚，寢廟歲行春薦禮，有加籩豆雜鮮腒。」註：「禽鳥之肉。」

產于江淮，黃河，遼海深水處。或謂：鮪魚來自南方，自河南小平山之岫穴，入於黃河。本草綱目卷四十四「鱗之四、鱘魚、集解」：「藏器曰：鱘生江中……。時珍曰：出江淮黃河遼海深水處。」

欽定古今圖書集成「博物彙編禽蟲典、第一百三十八卷、鱘鰉魚部、鮪」：「東京賦稱：王鮪岫居，山有穴曰岫，其穴在河南小平山。長老言：王鮪之魚，由南方來，出此穴中，入河水。」

或言：鮪出海，三月自河而上，至鞏縣東洛度北崖，山腹有穴，通江湖，鮪沿此穴入黃河。今為河水所浸，不知穴之所在。

欽定古今圖書集成「博物彙編禽蟲典、第一百三十八卷、鱘鰉魚部、鮪」：「或曰：鮪魚出海，三月，從河上來，今鞏縣東洛度北崖上，山腹穴，舊說此穴與江湖通，鱣鮪從此穴而來入河……。今為河水所浸，不知穴之所在。」

鮪長一兩丈，背如龍，無鱗甲，色青碧，頭小而尖，腹下白，頰有青班如梅，鼻長若身，尾鰭如柄。

本草綱目卷四十四「鱗之四、鱘魚、集解」：「背如龍，長一二丈……。背上無甲，其色青碧，腹下色白，其鼻長，與身等。口在頷下，食而不飲。頰下有青班，狀如梅花，尾岐如丙。」

欽定古今圖書集成「博物彙編禽蟲典、第一百三十八卷、鱘鰉魚部、鮪」：「鮪魚似鱣而青黑，長鼻，體無鱗甲。」「鮪以季春來，形似鱣而青黑，頭小而尖，似鐵兜鍪。」

骨脆美可食，為鮓良，其鰓曰玉梭衣。

欽定古今圖書集成「博物彙編禽蟲典、第一百三十八卷、鱘鰉魚部、江東鱘」：「江東魚國也，有鱘鼻長與身等，口隱其下身。骨脆美可啗，為鮓良，其鰓曰玉梭衣。」按：鮓，荊州鮓魚。

肉色白，味甘無毒，利五臟，補虛益氣，令人肥健。魚子，食之肥美，殺腹中小蟲。

飲膳正要第三卷「魚品、乞里麻魚」：「味甘無毒，利五藏，肥美人，胞可作膘。」

本草綱目卷四十四「鱗之四、鱘魚、集解」：「肉色純白……，其鰾亦可作膠，如鱘鮧也……。補虛益氣，令人肥健……。子狀如小豆，食之肥美，殺腹內小蟲。」

## 三十　阿八兒忽魚

阿八兒忽魚，即鱣魚，又名黃魚，玉版魚。

本草綱目卷四十四「鱗之四、鱣魚」：「釋名：黃魚，食療。蠟魚，御覽。玉版魚……。飲膳正要云，遼人名阿八兒忽魚。」

為深水無鱗大魚，小者百觔，大者長二三丈，至一二千觔。小者近百斤，大者一二千斤。

本草綱目卷四十四「鱗之四、鱣魚、集解」：「小者近百觔，其大者，長二三丈，至一二千觔。」

欽定古今圖書集成博物彙編禽虫典第一百三十八卷：「鱘鰉魚部、鱣、集解」：

「小者近百斤，其大者，長二三丈，至一二千斤。」

産於江淮黃河，及遼陽東北，河海深水間。

欽定古今圖書集成博物彙編禽虫典第一百三十八卷：「鱘鰉魚部、鱣、集解」：

「鱣、出江淮黃河遼海深水處，無鱗大魚也。」

飲膳正要卷第三「魚品、阿八兒忽魚」：「生遼陽東北海河中。」

體色灰白，背有骨甲三行，鼻長有鬚。

本草綱目卷四十四「鱗之四、鱣魚、集解」：「其狀似鱘，其色灰白，其背有骨甲三行，其鼻長有鬚。」

其生，三月逆流而上生。其行，肥而不善游，故在水底，去地數寸處。

本草綱目卷四十四「鱗之四、鱣魚、釋名」：「時珍曰：鱣，肥而不善游……。」

「集解」：「三月，逆水而生。」

欽定古今圖書集成博物彙編禽虫典第一百三十八卷：「鱘鰉魚部、鱣、集解」：

「其行也，在水底，去地數寸。」

其居，在磯石湍流之間。其食，張口魚入而食。

欽定古今圖書集成博物彙編禽虫典第一百三十八卷：「鱘鰉魚部、鱣、集解」：

「其居也，在磯石湍流之間。其食也，張口接物，聽其自入食。」

脂黃，肉白，夜有光，且層層相間，味甘肥美。

本草綱目卷四十四「鱗之四、鱣魚、釋名」：「脂肉夜有光。」「集解」：「其脂與肉，層層相間。」

欽定古今圖書集成博物彙編禽虫典第一百三十八卷：「鱘鰉魚部、鱣、集解」：「肉色白，脂色黃如蠟。」

飲膳正要卷第三「魚品、阿八兒忽魚」：「味甘無毒，利五臟，肥美。」

亦稱含光魚。

異魚圖賛箋卷三「含光魚」：「異物志，名含光魚者，言其脂肉，夜有光也。飲膳正要，遼人名阿八兒忽魚。」

欽定古今圖書集成博物彙編禽虫典第一百三十八卷：「鱘鰉魚部、鱣、集解」：「其脊骨，及鼻并鬐與鰓，皆脆軟可食。」

脊背，鼻，鰓，鰭，皆脆骨，可食。

飲膳正要卷第三「魚品、阿八兒忽魚……，骨止有脆骨。」

肚與子，塩藏亦佳。鰾可作膠。肉骨煮炙，作酢皆美。

本草綱目卷四十四「鱣魚、集解」：「其肚及子，鹽藏亦佳。其肉骨，煮炙及作酢，皆美。」

漁人沈小鉤近千於水底，阿八兒忽魚中鉤，愈爭脫，中鉤愈多，待其力疲，漁人掣捕之。

欽定古今圖書集成博物彙編禽虫典第一百三十八卷：「鱣、集解」：「漁人以鉤沈而取之，鉤著身痛，諸鉤皆著，船游數日，待其困憊，方敢掣取。」

故楊允孚，有詩云：嘉魚貢自黑龍江。

灤京雜詠：「嘉魚貢自黑龍江，西域葡萄酒更良。南土至奇誇鳳髓，北陲異品是黃羊。」自註：「黑龍江產塔巴爾圖魚，鳳髓，茶名，黃羊北方所產，御膳用。」

按：塔巴爾圖魚，即阿八兒忽魚，音同字異。

## 三十一　柳林

元世祖至元十八年，幸漷州，柳林。十九年，二十九年，幸柳林。

元史卷十一「世祖八」：「十八年春正月……丙辰，車駕幸漷州……。二月……辛未，車駕幸柳林。」

元史續編卷二：「世祖皇帝，至元……十九年……二月朔，車駕幸柳林。」

元史卷一百六十七「王惲」：「二十九年春，見帝柳林行宮。」

自茲以降，諸帝多幸漷州，柳林。成宗大德三年，幸柳林。

元史卷二十「成宗三」：「三年……二月癸丑朔，車駕幸柳林。」

英宗至治元年，三年，畋于柳林。

元史卷二十七「英宗一」：「至治元年……二月……丁巳，畋于柳林。」

元史卷二十八「英宗二」：「三年……二月……癸酉，畋于柳林。」

泰定四年，如漷州。

元史卷三十「泰定帝二」：「四年……二月……壬午，狩于漷州。」

文宗致和元年，畋于柳林。

元史卷三十二「文宗一」：「致和元年春，大駕出畋柳林。」

順帝至元元年，四年，獵于柳林。

元史卷三十八「順帝一」：「至元元年……二月……乙卯，車駕將畋于柳林。」

元史卷三十九「順帝二」：「四年……二月……庚午，車駕獵于柳林。」

漷州，在通州南四十五里。遼金置漷陰縣，元升漷州，明降為縣，清裁併通州。

元史卷五十八「地理一、大都路、漷州」：「遼金為漷陰縣，元初為大興府屬邑，至元十七年，升漷州。」

讀史方輿記要卷十一「直隸二、順天府、通州、漷縣」：「州南四十五里……，遼初為漷陰鎮，後升為漷陰縣，以在漷河之南也。元至元十三年，漷州屬大都路，明初復為縣……，本朝順治十六年，裁併通州。」

柳林，在漷州西。

讀史方輿記要卷十一「直隸二、通州、漷縣、棗林」：「柳林在縣西。」

欽定大清一統志卷六「順天府三、古蹟」：「柳林，在通州南，漷縣西。」

元王惲謂：柳林在瀘曲，即漷州西十里。瀘溝河於此分三派，兩派東流，新莊河始折而南流之灣曲處。

秋澗集卷二十一「朝謁柳林行宮二詩并叙」：「至元癸巳二月四日，臣膺，惲，臣文海，儼居信，朝謁春水行宮，於瀘曲之柳林……。」

讀史方輿記要卷十一「直隸二、通州、漷縣」：「漷河，在縣西，一名新河，自瀘溝河流至縣界，折而為三。其正河為漷河，東流入白河。其一為新莊河，南流至武清縣界。一為黃洰河，東注馬家莊之飛放泊，各去縣十里。」

元代諸帝，春水飛放，所以幸漷州柳林，因地湖泊多水禽豐，可供飛放行樂。其湖泊有延芳淀，廣數百畝。

明一統志卷一「順天府、山川」：「延芳淀，在漷縣西，廣數百畝。中多菱芡，芰荷，鵝鶩鴈鴇之類。」

南新莊飛放泊。

欽定大清一統志卷五「順天府二、山川」：「南新莊飛放泊，在通州南，舊漷縣南二十五里，周八里。」

栲栳垈飛放泊，馬家莊飛放泊。

欽定大清一統志卷五「順天府二、山川、南新莊飛放泊」：「又縣西南二十五里，有栲栳垈飛放泊。泊北八里，有馬家莊飛放泊。」

讀史方輿卷十一「直隸二、通州、漷縣」：「漷河……東流入白河……。黃洰河，東注馬家莊飛放泊。」故此泊當巨。

諸帝駐蹕於此，飛放行樂，故有行宮。

秋澗集卷二十一「朝謁柳林行宮二詩并叙」：「至元癸巳二月四日……，朝謁春水行宮，於瀘曲之柳林……。」

晾鷹臺。

明一統志卷一「順天府、宮室」：「晾鷹臺，在漷縣西南二十五里，高十數丈，周迴一頃，上有石碑，相傳元主嘗駐蹕於此。」

呼鷹臺。

畿輔通志卷五十三「古蹟」：「呼鷹臺，在漷縣馬頭，西南二十五里，得仁務西，元至大間所建。」

人清一統志謂：一臺二名，二者乃一。

欽定大清一統志卷六、「順天府三、古蹟」：「呼鷹臺，在通州故漷縣西南二十五里，元至大初所築，亦名晾鷹臺，高數丈，周一頃，元時遊獵，多駐於此。」

文宗至順元年，遣衛卒，築海子堤堰。三年，調軍士修海子橋道，以利飛放。

元史卷三十四「文宗三」：「至順元年……秋七月辛亥……，調諸衛卒，築漷州柳林，海子堤堰。」

元史卷三十六「文宗五」：「三年……七月戊辰……，調軍士，修柳林海子橋道。」

此外，畿輔通志載，駐蹕臺，元史永業二年築，顯誤，蓋元代無此年號。

畿輔通志卷五十三「古蹟」：「駐蹕臺，在宛平縣西，元史永業二年，發軍士，築駐蹕臺於承天護聖寺東。」

應築於元文宗至順二年。

元史卷三十五「文宗四」：「二年……九月……乙亥，命留守司，發軍士築駐蹕臺，于大承天護聖寺東。」

## 三十二　金蓮川

金蓮川，原名曷里滸東川。金世宗大定八年，以此地金蓮遍野，取其金枝玉葉相連之義，更名金蓮川。

口北三廳志卷之二「山川、金蓮川」：「地產黃花狀若芙蓉而小，因以名川。」

金史卷二十四「地理上、西京路、桓州」：「曷里滸東川，更名金蓮川。世宗曰：蓮者連也，取其金枝玉葉相連之義。」

金史卷六「世宗上」：「八年……五月……改旺國崖，曰靜寧山。曷里滸東川，曰金蓮川。」

今稱金蓮花灘，在獨石口西北，一百二十四里。金桓州，元上都路之地。

口北三廳志卷之二「山川、金蓮川」：「今人呼為金蓮花灘，在獨石口西北，一百二十四里。」

元史卷五十八「地理一、上都路」：「唐為奚契丹地，金平契丹，置桓州。元……至元……五年，升上都路。」

金世宗，因海陵遷都燕京，遂有避暑金蓮川之行，梁襄極諫之。世宗雖納其言，罷其行。

金史卷五「海陵」：「天德……二年……四月丙午，詔遷都燕京。」

金史卷九十六「梁襄」：「梁襄，字公贊，絳州人……。升慶陽府推官，召為薛王府掾。世宗將幸金蓮川，有司具辦。襄上疏極諫曰：金蓮川，在重山之北，地積陰冷，五穀不殖，郡縣難建，盖自古極邊荒之壤也。氣候殊異中夏……，特與上京中都不同，尤非聖躬，將攝之所……。世宗納之，遂為罷行。」

口後，仍於此地，建景明宮，為納涼之所。

金史卷七「世宗中」：「二十年……四月……庚戌，如金蓮川。」

金史卷八「世宗下」：「二十二年……九月戊寅，至自金蓮川……。二十七年……四月……丙申，上如金蓮川。」

金史卷二十四「桓州」：「世宗……景明宮，避暑宮也。」

趙渢有詩以吟景明宮。

口北三廳志卷十五「藝文四、凉陘」：「峩峩景明宮，五雲湧蓬萊。山空白晝永，野曠清風來。」

明昌四年，許安仁，董師中，均上章諫請，勿幸金蓮川之景明宮，章宗因罷所幸。

金史卷九十六「許安仁」：「許安仁，字子靜，獻州交河人……。明昌四年春，上將幸景明宮。安仁與同列諫曰：昔漢唐雖有甘泉九成，避暑之行，然皆去京不遠，非如金蓮千里之外。鄰沙漠，隔關嶺，萬一有警，何以應變，此不可不慮也，疏奏，遂罷幸。」

金史卷九十五「董師中」：「董師中，字紹祖，洺州人……。明昌……四年，上將幸景明宮，師中……諫以勞民費財，蓋其小者，變生不虞，所繫非輕……。上不納，師中等又上疏曰：近年水旱為沴，明詔罪己求言，罷不急之役，省無名之費……，罷北幸。」

然金章宗與李妃，亦以此地，為避暑之處，建泰和宮，後更名慶寧宮。

金史卷九「章宗一」：「明昌……五年……八月辛亥，至景明宮。」

金史卷十一「章宗三」：「泰和元年……五月……甲子，更泰和宮，曰慶寧宮。」

金史卷六十四「后妃下、章宗元妃李氏」：「元妃李氏師兒，其家有罪，沒入宮籍……。是時宮教張建，教宮中。師兒與諸宮女，皆從之學……。惟師兒易為領解……。章宗嘗問建，宮教中女子，誰可教者……。宦者梁道，譽師兒才美，勸章宗納之。章宗好文辭。妃性慧黠，能作字，知文義，尤善伺候顏色，迎合旨意，遂大愛幸。明昌四年，封為昭容，明年進封淑妃……。」

陳剛中詩集卷三「金蓮川」：「金章宗與李妃，避暑於此。有泰和宮，今廢。」

趙秉文，陳孚，有詩以吟金蓮川。

滏水集卷七「金蓮川」：「一色天蓮玉色中，離宮風月滿雲龍。向來菡萏香銷盡，何許薔薇露染濃。秋水明邊羅襪步，夕陽低處紫金容。長揚獵罷回天仗，萬獨煌煌下翠峰。」

陳剛中詩集卷三「金蓮川」：「茫茫金蓮川，日映山色赭。天如碧油幢，萬里罩平野。野中何所有，深草卧羊馬。昔人建離宮，今存但古瓦。秋風吹白波，猶似哀淚洒。村女采金蓮，芳香紅滿把。豈知步蓮人，艷骨掩泉下。人生如蜉蝣，百年無堅者。安得萬斛酒，浩歌對花瀉。」

金蓮花，色金黃，花開七瓣，一莖數朵，絕似蓮花而小。葉綠而瘦尖，或五尖，或七尖。六月盛開，遍野燦然。秋季，花乾不脫。性極涼，佐茶飲之，可治熱毒。

御定佩文齋廣群芳譜卷五十三「花譜，金蓮」：「金蓮花，出山西五臺山，塞外尤多。花色金黃，七瓣兩層，花心亦黃色。碎蘂平正，有尖小長狹黃瓣，環繞其心。一莖數朵，若蓮而小。六月盛開，一望徧地金色爛然。至秋，花乾不落，結子如粟米而黑。其葉綠色，瘦尖而長，五尖或七尖。」

扈從集「前序」：「至正十二年……四月二十六日，大駕北巡上京，例當扈從……。至……牛群頭，其地……草多異花五色，有名金蓮者，絕似荷花，而黃尤異。」

口北三廳志卷之五「風俗物產、物產、花之屬、金蓮花」：「生獨石口外，花瓣似蓮，較制錢梢大，作黃金色。味極涼佐茗飲之，可療火疾。」

朱憲，胡會恩，康熙，高士奇，有詩詞以咏此花。

歷代宮詞卷二「明周王一百首」：「金蓮處處有花開，斜插雲鬟咲滿腮。轅軾向南遵舊典，地椒香裡屬車回。」

清芬堂存稿卷四「金蓮花」：「仙葩生朔漠，當暑發奇英。色映金沙麗，香分玉井清。倚風無俗豔，含露有新榮。試植天池側，笑蘂敢擅名。」

御定佩文齋廣群芳譜卷五十三「花譜，金蓮、詞」：「嶺外金蓮盛放可愛，寄調柳梢青：萬頃金蓮，平臨難盡高眺千般。珠蹙移花，翠翻帶月，無暑神仙。俗人莫道輕寒，悠雅處餘香滿山。嶺外磊落，遠方隱者，誰似清閒。」

口北三廳志卷十四「藝文三、金蓮花」：「卉本仙山種，開當夏候深。異香飄紫塞，寶相湧黃金。露葉凝輕翠，風枝裊細陰。曾邀天筆賞，移取植華林。註：上有咏金蓮花詩，移植內閣。」

憲宗即位，同母弟，惟世祖最長且賢，盡以漠南漢地，軍國庶事委之。駐瓜忽都之地，開府金蓮川。

元史卷四「世祖一」：「辛亥六月，憲宗即位。同母弟，惟帝最長且賢，故憲宗盡屬以漠南漢地，軍國庶事，遂南駐札固圖之地。」

蒙兀兒史記卷第七「忽必烈可汗本紀」：「蒙格汗登極，以同母弟，惟汗最長且賢，盡屬以漠南漢地，軍國庶事，開府金蓮川。」註：「地產金蓮，故名，在獨石口外，即舊紀兀忽都之地。」

憲宗六年，世祖命劉秉忠相宅，于桓州東，灤水北之龍岡，城開平。中統元年，為開平府，五年，加號上都。」

元史卷五十八「地理一、上都路」：「唐為奚契丹地，金平契丹，置桓州……。憲宗五年，命世祖居其地，為巨鎮。明年，世祖命劉秉忠，相宅於桓州東，灤水北之龍岡。中統元年，為開平府。五年，以闕庭所在，加號上都，歲一幸焉……。」故金蓮川，金稱曷里滸東川，元曰瓜忽都，或譯札固圖之地。為金元兩代，避暑之地，亦古蹟名勝焉。

## 三十三　野狐嶺

野狐嶺，在萬全縣，東北三十里。膳房堡口，北五里，亦稱扼胡嶺。

畿輔通志卷二十「宣化府、野狐嶺」：「萬全縣東北三十里。」口北三廳志卷之二「山川、野狐嶺」：「宣鎮圖說，膳房堡口，北五里。」姚從吾先生全集七「張德輝嶺紀行足本校注」：「復西北行，過沙嶺子口，及宣平縣驛，出得勝口，抵扼胡嶺，下有驛，曰孛落。」

為南北交通之孔道。元代諸帝，歲幸上都，東出西回，自上都，南返大都，西路輦道所經。嶺上設巴納，漢言宿頓所也。嶺北山下，設関門，何時所建，待考。

扈從集「後序」：「車駕既幸上都，以是年六月……二十二日，發上都而南。是日，宿六十里店巴納，明日過桓州，至李陵臺，雙廟兒……，明安驛，泥河兒……，至察罕諾爾，由此轉西，至輝圖諾爾……，曰平陀兒，曰石頂河兒……，曰苦水河兒，曰回回柴……，又西二十里，則興和路……。由興和，行三十里，過野狐嶺，嶺上為巴納……。南至宣縣……，至鷄鳴山……，統幕……，懷來縣……，居庸関……，龍虎臺，又南皇后店，皐角，大口焉，遂以八月十日，至京師。」

扈從集「前序」：「國語曰巴納者，猶漢言宿頓所也。」

廣百川學海「乙集、北征錄」：「上野狐嶺……，下山頂，度関門，為車所塞，從土堤而下，地滑，馬多仆者。」

明洪武三年，李文忠克應昌，元嗣君北遁，獲其嫡子，后妃，諸王，將相，百餘人，宋元玉璽，珍寶，即出此北征。

明史卷一百二十六「李文忠」：「洪武二年……，明年，拜征虜左副將軍，與大將軍，分道北征，以十萬人出野狐嶺……，兼程趨應昌，嗣君北走，獲其嫡子買的立八剌，暨后妃宮人，諸王將相官屬數百人，及宋元玉璽，金寶十五，玉冊二，鎮圭大圭玉帶玉斧各一，出精騎，追至北慶州而還。」

明成祖北征，亦出野狐嶺。

廣百川學海乙集「北征錄」：「永樂八年二月初十日，上親征北虜……。十一日，早發清河……，十二日，發龍虎臺，度居庸關……。十七日，發鷄鳴山……。二十一日，駐蹕宣府……。二十五日，大風寒，發萬全……，入德勝口，行二十餘里，上野狐嶺……。二十六日，駐蹕興和……。」

地勢岧嶤，郝經謂：「中原南北限兩峰，野狐高出大庾頂。」又謂：「五臺南望如培塿，下視九州在深井。」

陵川集卷十「北嶺行」：「中原南北限兩嶺，野狐高出大庾頂。舉頭冠日尾插坤，橫亘一脊繚絕境。五臺南望如培塿，下視九州在深井。上有太古老死冰，沙埋土食光炯炯……。」

嶺峰峻拔，周伯琦言：「高峰出雲表」，「星斗只尺攀」。楊榮亦稱：「山頭一望一岧嶤」。

扈從集：「後序、紀行詩、野狐嶺」：「高嶺出雲表，白晝生虛寒。冰霜四時凜，星斗只尺攀。其陰控朔部，其陽接燕關……。」

文敏集卷六「度野狐嶺」：「山頭一望一岧嶤，四月寒岩雪未消。使節有光南國重，征裘無暖北風遙。心知聖壽齊三祝，目極祥雲麗九霄。共荷恩波同覆載，只慚無補聖明朝。」

嶺上，山石犖确，中為山澗，谷深莫測，崎嶇百盤。

扈從集「後序」：「由興和，行三十里，過野狐嶺。嶺上……山石犖确，中央深澗。夏秋多水，東南盤折，而下平地……。」

扈從集「後序、紀行詩、野狐嶺」：「高嶺……，澗谷深叵測，梯磴紆百盤。坳垤草披拂，崎嶇石巑岏。輪蹄紛雜遝，我馬習以安。怳然九天上，熙熙俯人寰……。」

兼以風極強烈，沙石撲面，過此者，臉皆紫黑。飛雁遇之，輒墜地。行經之艱險，足資概見。

廣百川學海乙集「北征錄」：「行二十餘里，上野狐嶺……。時風沙眯目，小石擊面，面為風所吹，皆紫黑……。」

明一統志卷五「萬全都指揮使司、山川、野狐嶺」：「勢極高峻，風力猛烈，鴈飛遇風，輒墜地。」

南北寒暄，以此為界。

扈從集「後序」：「過野狐嶺，嶺上……中央深澗，夏秋多水，東南盤折，而下平地。則天氣即暄，至此，無不減衣者。」

扈從集：「後序、紀行詩、野狐嶺」：「絺衣遂頓減，長途汙流鸝。亭柳蔭古道，園果登御筵。境雖居庸北，物色幽薊前。始悟一嶺隔，氣候殊寒暄。」

更為兵家必爭之地。元太祖六年南伐，金將定薛，統重兵，守野狐嶺。帝遣察罕覘之，奏曰：彼馬蹄輕動，不足畏也。帝揮軍進擊，大破之。

元史卷一「太祖」：「六年……二月，帝自將兵南伐，敗金將達實於野狐嶺。」

元史卷一百二十「察罕」：「從帝略雲中桑乾，金將定薛，擁重兵守野狐嶺。遣察罕覘虛實，還言：彼馬足輕動，不足畏也。帝命鼓行而前，遂破其軍。」

是年八月，元軍下大同撫州。金軍四十萬，陣於野狐嶺，木華黎進曰：彼衆我寡，非死戰，不足克敵。遂率死士，大呼陷陣，太祖揮軍繼之，大潰金軍。殭屍百里，金之精銳，盡殲於此，日後，遂不能復振。郝經亦言此役，「白骨與山齊」。

新元史卷一百十九「木華黎上」：「六年，從太祖伐金，渡漠而南……。太祖克西京，及昌、桓、撫等州，金號四十萬，陣野狐嶺北。木華黎進曰：彼衆我寡，弗致死，未易破之。遂率敢死士，大呼陷陣。太祖麾諸軍繼進，大敗之，追至澮河堡，又敗之，殭屍百里。是役也，金人之精銳殲焉。其後，遂不能復振。」

陵川集卷十「北嶺行」：「中原南北限兩嶺，野狐高出大庾頂……。坡陀白骨與山齊，慘澹萬里殺氣冷。嶺北乾坤士馬雄，雪滿弓刀霜滿頸……。寄語漢家守城將，莫向沙漠浪馳騁。」

耶律鑄亦有詩，盛讚此役。

雙溪醉隱集卷二「戰扼狐」：「我太祖皇帝，未始輕出無之師。太祖皇帝伯父，錫巴哈汗，為女真人之所害，南伐中原，此其辭也。前戰扼狐嶺下，敵之精銳，盡於此役。」「龍旗天上來，神兵落天闕。問罪下中原，先有扼狐捷。勍敵四十萬……，奮不待成列……。」

## 三十四　偏嶺、擔子窪

偏嶺，在獨石城北，四十五里。

畿輔通志卷二十「山川、宣化府、偏嶺山」：「赤城縣獨石城北，四十五里。」

或謂即天嶺，蓋譌天為偏。亦謂譌偏為天。故偏嶺，天嶺，二者為一。然何者為原始之名，不易考定。

畿輔通志卷二十「山川、宣化府、偏嶺山」：「蓋譌天為偏也。」

讀史方輿紀要卷十八「萬全指揮使司、開平衛、偏嶺」：「蓋譌偏為天也。」

又稱辭鄉嶺。陷遼者，至此，南望鄉里，與之永訣。無不慟哭，往往絕而復蘇。

胡嶠陷虜記：「又三日，登天嶺……。契丹謂嶠曰：此辭鄉嶺也，可一南望，而為永訣。同行者，皆慟哭，往往絕而復蘇。」

嶺東西連亙，有路北下。遠眺，四顧冥然，唯黃雲蔓草，不可窮盡。

胡嶠陷虜記：「又三日，登天嶺。嶺東西連亙，有路北下。四顧冥然，黃雲白草，不可窮極。」

元帝歲幸上都，東出西回。周伯琦例當從，曾歷東輦道之十八盤山，西輦道之野狐嶺，均極高絕，因謂偏嶺，「素不甚高」。

扈從集「前序」：「至正十二年……，大駕北巡上京……。過居庸關而北，自東路至瓮山……，入黑谷，過色珍嶺，其山高峻，曲折而上，凡十八盤……。」按：色珍嶺，又稱十八盤山。

灤京雜詠：「驅車偏嶺客南還……。」註：「素非高嶺。」

然由號稱天嶺，楊榮亦謂其「天邊絕嶺勢岧嶤」，「石林曉霽千峰秀」，其勢亦頗崇峻。

文敏集卷一「踰偏嶺」：「天邊絕嶺勢岧嶤，玉削芙蓉入望遙。風動鸞旂迎瑞日，雲隨鳳駕度晴霄。石林曉霽千峰秀，塞草秋深萬馬驕。此處登高成壯覽，華夷共仰聖明朝。」

既為南北交通之孔道，明成祖即出此，北征阿魯台。

廣百川學海乙集「北征記」：「永樂二十二年，春正月甲申，大同開平守將，並奏虜寇阿魯台所部，侵略邊境……。四月戊申，以親征胡寇……。己丑駕北京……，丙辰，次懷來……，丁卯，次獨石……。」按：偏嶺，在獨石城北四十五里，北征亦必經此。

亦寒暄之分界。蓋踰此而北，極寒，不可洗頭，不可梳之。南返，踰此則暖矣。

灤京雜詠：「驅車偏嶺客南還，始見燕姬笑整鬟。誰信片雲三十里，寒暄只隔此重山。」註：「行人到偏嶺之北面，不可洗頭，不可梳，冷極故也。過此，始有暖意。素非高嶺，寒氣止隔於此，良可怪也歟。」

近光集卷一「九月一日還自上京途中紀事十首」：「侵晨度偏嶺，凜凜氣何偏。獨石出平地，青山半似燕。近郊初見樹，夾道更流泉。向午衣頻減，羇懷始豁然。」

按畿輔通志卷二十「山川、宣化府、獨石」：「赤城縣北，獨石城南一里。大谷水流經獨石北界，其石孤生，不因河而自峙。」明一統志卷五「萬全指揮使司，山川、獨石」：「一石屹起平地，上可構數楹，因建神廟。」故詩云：「獨石出平地。」

擔子窪，在偏嶺下。

口北三廳志卷之二「山川、擔子窪」：「在獨石口北，偏嶺下。」

地勢平曠，坡坨皆土山。蔓草，野花，黃雲如畫，然無林木。田皆禾麻，牛羊群牧，山家聚居，亦營旅舍。

灤京雜詠：「窩名擔子果何如，野草黃雲入畫圖。弧矢縱懸仍覓侶，塞前番語笑人迂。」

文獻集卷一「擔子窪」：「自從始出関，數日走崖谷。迢迢度偏嶺，險盡得平陸。坡坨皆土山，高下紛起伏。連天暗豐草，不復見林木。行人煙際來，牛羊雨中牧。颯然衣裳單，咫尺異寒燠。佇立方有懷，相逢仍問俗。畏途宜疾驅，更傍灤河宿。」

金臺集卷二「擔子窪」：「朝發牛群頭，夕憩擔子窪。高秋得清曠，野蔓多幽花。黃雲翳日脚，草色浮天涯。山荒樹寂寞，寒陂落昏鴉。頗喜盜賊清，塞田盡禾麻。至今將軍壘，日落聞清笳。我生久羈旅，崎嶇涉風沙。天寒道路遠，曛黑投山家。」

註：「其山無林木，皆蔓草。」

金臺集卷二「擔子窪」：註：「昔多盜賊，今置巡檢司于山椒。」

因多盜賊，置巡檢司於此，以安商旅民居。

## 三十五　中都

### 一、名稱地址

元中都，名旺兀察都，又名沙城，土人名插漢巴尔哈遜城。

廣百川學海「北征錄」：「早發興和，行數里……，西南有故城，名沙城……。

上又曰：適所過沙城，即元之中都。」

欽定大清一統志卷四百九「牧廠、鑲黃等四旗牧廠、古蹟、沙城」：「按此城，土人名插漢巴尔哈遜城……，故址猶存。」

口北三廳志卷之三「古蹟、沙城」：「案元中都，名旺兀察都。」

在元興和，即今張北縣，北十里之銀沙背。

廣百川學海「北征後錄」：「永樂十二年……，四月初五日移營于興和北里沙城。」

張北縣志卷一「地理志上、沿革」：「民國六年，在興和舊城遺址，建築縣公署。」

張北縣志卷二「地理志下、古蹟、沙城」：「在縣城北十餘里。按……舊興和城北十里，元時所建，以方向里數考之，即現今之銀沙背。」

## 二、營建始末

大德十一年五月，武宗即位於開平。六月，於旺兀察都，建行宮，立宮闕，為中都。

元史卷二十二「武宗一」：「成宗大德……十一年……五月……甲申，皇帝即位于上都，受諸王文武百官，朝於大安閣……。六月……甲午，建行宮於旺兀察都之地，立宮闕，為中都。」

至大元年二月，詔上都衛軍三千，赴中都之工役。八月，中都建成，賞賜有功官員，軍士，及殉職人員有差。

元史卷二十二「武宗一」：「至大元年……二月……戊戌，以上都衛軍三千人，赴旺兀察都，行宮工役……。八月……辛丑，以中都行宮成，賞官吏有勞者。工部尚書黑馬而下，並陞二等。賜塔剌兒銀二百五兩，同知察乃，通政使塔利赤，同知留守蕭珍，工部侍郎答失蠻，金二百兩，銀一千四百兩。軍人金二百兩，銀八百兩。死於木石，及病沒者，給鈔有差。」

二年四月，詔建中都皇城角樓。

元史卷二十三「武宗二」：「二年……夏四月……壬午，詔中都創皇城角樓。中書省臣言：今農事正殷，蝗蝝遍野，百姓艱食，乞依前旨，罷其役。帝曰：皇城若無角樓，何以壯觀，先畢其功，餘者緩之。」

二年十月，敕諭中外，民戶托名權貴，規避徭役者，築城中都。郡縣不察，罷職。

元史卷二十二「武宗二」：「三年……冬十月……甲寅，敕諭中外：民戶托名諸王，妃主，貴近臣僚，規避差徭，已嘗禁止。自今違者，俾充軍驛，及築城中都。郡縣官不察覺者，罷職。」

中都城，周五里，或謂七里，四門。皇城除行宮，尚建佛寺昆剛殿。

讀史方輿紀要卷十八「直隸九、萬全都指揮使司、萬全左衛、沙城」：「周共五里。」

欽定大清一統志卷四百九「牧廠、鑲黃等四旗牧廠、古蹟、沙城」：「按此城……周七里，門四，故址猶存。」

元史卷二十九「泰定帝一」：「至治三年……十一月己丑朔，熒惑犯亢，車駕次于中都，修佛事昆剛殿。」

## 三、設官建職

至大元年七月，立中都留守司，兼開寧路總管府。八月，立中都萬億庫。九月，建中都虎賁司。十二月，詔大同路，隸中都留守司。

元史卷二十二「武宗一」：「至大元年……秋七月……壬戌……。立中都留守司，兼開寧路都總管府……。八月……戊申，立中都萬億庫……。九月……癸未，太陰犯熒惑，立中都虎賁司……。十二月庚申……，以大同路，隸中都留守司。」

二年二月，選五衛軍五十人，隸中都虎賁司。

元史卷二十三「武宗二」：「二年三月己丑……，摘五衛軍五十人，隸中都虎賁司。」

三年六月，立上都、中都等處銀冶提舉司。七月，設中都光祿寺。九月，置宣慰司都元帥府，於察罕腦兒。

元史卷二十三「武宗二」：「三年……六月……己酉，立上都中都等處銀冶提舉司，秩正四品……。秋七月……乙未，立中都光祿寺……。九月己卯……，立宣慰司都元帥府，於察罕腦兒。」

四年元月，罷城中都。四月，悉罷中都創設官署。

元史卷二十四「仁宗一」：「四年春正月庚辰，武宗崩……。壬辰，日赤如赭，罷城中都……。夏四月……癸亥……，罷中都留守司，復置隆興路總管府，凡創置司存，悉罷之。」

皇慶元年七月，徙中都財物，歸太府監。

元史卷二十四「仁宗一」：「皇慶元年……秋七月辛丑……，徙中都內帑，金銀器，歸太府監。」

## 四、中都景色

許有壬至正集卷二十五，有吟「中都八景和王受益教授韻」，以述中都風情。

「龍庭瑞靄」：「天兵疇昔起龍庭，道契成湯始葛征。千古興王天府國，紅雲常護九重城。」

「梵宇晨鐘」、「鴻音杳渺曙光微，有客孤窗枕半欹。喚起十年江海夢，姑蘇城下酒醒時。」

「天橋夜月」：「長風吹月夜澄澄，虹背光搖玉一泓，題柱未酬空感慨，何人橫笛起三更。」

「碑亭暮煙、扶蘇墓地」：「子道能全任殺身，後來多議不求真。君看易水悲歌處，風色蕭蕭秋殺人。」

「閭山晚翠」：「斜陽著意染閭山，淡紫濃青杳靄間。望眼欲窮詩未就，野雲還與鳥俱還。」

「蘭水晴波」：「石齒粼粼漱碧流，曾基王業振貔貅。坐令四海澄清了，依舊黃雲白草秋。」

「高巖異卉、牡丹一本千花」：「凍未全消草未芽，雲收霞卷放千花。世間久絕殷韓手，誰信高巖有此花。」

「蕁川春色」：「紛紛花草簇晴烟，想象江南二月天。我欲重噓鄒子律，偏教沙漠似蕁川。」

按：上述之閭山，蘭水，蕁川，張北縣志，口北三廳志，宣府鎮志，均不載，待考。

兼以中都近郊，雲山環抱，蜃烟映照。春夏之交，至夏秋之際，碧草如茵，野花遍野，景風實屬不惡。

歸田類稿卷十九「過中都」：「三月龍沙春未知，雲山環野玉參差。半空蜃氣雲間闕，一路驪珠馬上詩。豐沛漢皇湯沐邑，豳岐周室治平基。我來歷覽開天處，億萬斯年理固宜。」

歸田類稿卷十九「中都道中」：「細草和烟展翠茵，雜花勻簇道旁春。鳴禽曠野棲無樹，破屋荒山住有人。露濕弊袍寒襯月，風餐行缽暗凝塵。去年閩海今沙漠，贏得霜華鏡裏新。」

白翎雀善鳴，其聲悅耳多變。其形，或通體潔白，或色黃，黑頸，白翅。雙雙對對，舞鳴空中。聽其聲，賞其色，觀其舞，塞外景色，不亞江南。

張北縣志卷四「物產志、動物、野禽、白翎」：「體屬黃土色，黑脖圈，白翅，尖舌最尖，能學百鳥之音。一種類：有白翎，有白白翎，有米湯膠，惟白白翎最寶貴……。六產地：各區皆有之，三區最多，均在草地窩內產生之。」

口北三廳志卷十四「藝文三、白翎雀」：「塞上鳥，如鸛翎而小翅，有白翎，因名白翎雀。雌雄相呼，聲可聽……，元人名咏之。」

東北，復有鳳凰山，可為遊息徜徉之所。西北有湖泊，可供賞鳥「春水」之樂。靜觀行賞，二者可謂兼宜。

廣百川學海「北征錄」：「初七日，早發興和，行數，過封王陀，今名鳳凰山，山西南，有故城，名沙城。西北有海子，鴐鵝鴻雁之類，滿其中。遠望如人立者，坐者，行者，謦欬者。白者如雪，黑者如墨。或馳騎逐之，即飛起，人去旋下，翩躚迴翔于水次。」

按鳳凰山，在中都東北里許。

口北三廳志卷之二「山川」：「鳳凰山，鑲黃旗牧廠，北三十里，沙城東北里許。」

海子，即鴛鴦泊，亦名昂古里泊，周八十里，在今張北縣城，西北八十里。

金史卷二十四「地理上，西京路，桓州，柔遠」：「昂古里濼，又名鴛鴦濼。」

讀史方輿紀要卷十八「直隸九、萬全都指揮使司、雲州堡」：「鴛鴦泊，在堡西北百餘里，周八十里。」

張北縣志卷二「地理下、古蹟」：「鴛鴦濼，在縣城西北八十里，即今安固里諾爾。」

扈從集「後序」：「車駕既幸上都……，至察罕諾爾，由此轉西，至……石頂河兒，土人名為鴛鴦濼。其地，南北皆水，勢如湖海，水禽集育其中。以其兩水，故名鴛鴦，或云：水禽惟鴛鴦最多。……兩水之間，壤土隆阜，廣袤百餘里，居者三百餘家，區脫相比，諸部與漢人雜處，頗類市井。因商而致富者甚多，有市酒家，貲至鉅萬，而連姻貴戚者。地氣厚完，可見也。」

周伯琦有詩以咏之

扈從集「紀行詩、鴛鴦濼作」：「官路何逶迤，里數不可度。宿止有常程，晚次鴛鴦濼。山低露草深，天朗雲氣薄。積水風颼颼，平沙烟漠漠。鳧鷺雜翔集，巨鱗倏潛躍。居人歲取給，遠眺僅一勺。原隰多種埶，農奚犬牙錯。滌場盈粟麥，力穡喜秋獲。舒徐八駿遊，相羊瑤池樂。山川豈不佳，人事日簫索。芻牧紓邦供，征徭非昔昨。都人望翠華，朝朝候靈鵲。」

### 五、

元代之大都，中都，上都，唯大都，上都最顯，中都不彰。蓋中都僅武宗之世，深為重視。仁宗即立，悉罷中都官署，財物亦徙歸太府監。歷時五年，已名存實亡。元代文翰詠上都之詩，連篇累牘，然吟中都者絕少，亦由乎此。

## 三十八　興和

### 一、興和之建築

元興和路，金為撫州，遼曰歸化州，今張北縣。

元史卷五十八「地理一、興和路」：「唐屬新州，金置柔遠鎮，後升為縣，又升撫州……。」

遼史卷四十一「地理五、西京道、歸化州」：「晉高祖割獻于遼，改今名。」

欽定大清一統志卷四百九「鑲黃等四旗牧廠、建置沿革」：「漢為上谷郡，唐新州地，金置撫州，治柔遠縣，屬西京路。元為興國路，皇慶元年，改為興和路。」

張北縣志卷二「地理下、古蹟、燕子城」：「舊興和路，即今之張北縣。」

張北縣志卷三「建置志、城池圍堡、縣城」：「張北縣城建築，始於遼金元三朝，名為燕子城……。民國十八年……，建新城在舊趾。」

城周六里餘，四門，土人稱喀喇巴尔哈孫城。建築雄偉，為諸部落之冠。」

欽定大清一統志卷四百九「鑲黃等四旗牧廠、古蹟、興和故城」：「此城，土人名喀喇巴尔哈孫城，周六里餘，門四，故址猶存。」

扈從集「紀行詩、興和郡」：「要會稱雄麗，勢壓諸部落。興王遠垂裕，百載承制作。北巡必西還，遠擬東邑洛……。」

居民三千戶，半為土著。樓宇比鄰，市纏亦盛，塞外巨郡。

扈從集「後序」：「興和路者，世皇所刱置也。歲北巡，東出西還，故置有司，為供億之所。城郭周完，闤闠叢夥，可三千家。」

扈從集「紀行詩、興和郡」：「興和號上郡，陂陀具城郭。灤陽界東履，汾晉直西略。提封廣以遐，編氓半土著。連甍結賈區，曾樓瞰寥廓……。」

建有蕭寺，佛塔，佛閣，亦頗壯麗。

滏水集卷八「撫州二首」：「蕭寺金風動刹竿，西城北斗掛闌干。一蟲不響夜更靜，片月未高山已寒。」按：刹竿，為塔頂之柱。

拙軒集卷三「納涼蕭寺」：「午晝葵花潑眼明，綠蔭深處轆轆聲。燕泥吹落欺人睡，無賴薰風也世情。」

扈從集「後序」：「興和路者，世皇所刱置……。市中佛閣，頗雄偉……。」城中皇城，遼建新涼殿，金改建曰樞光殿，元稱清暑殿。

宣府鎮志卷十二「宮宇考、新涼殿」：「在歸化州契丹主賢，納涼之所，保寧年建。」按：「契丹主賢」，即遼景宗

張北縣志卷二「地理下、新涼殿」：「在張化縣皇城內，（即現在縣城完全學校地址。）遼時建新涼殿。」

張北縣志卷二「地理下、樞光殿」：「在張北縣皇城內。（即現在縣城完全學校地址。）金時，由遼之新涼殿，改建樞光殿……，元時又改為清暑殿。」

## 二、興和路為遼代春水避暑之地

興和路，為遼代景宗，聖宗，興宗，道宗，天祚五世，春水納涼之地。因引錄原文，內容繁多，故僅詳加統計其地，人與時，則不及。

春水，幸鴛鴦濼十二次。濼在張北縣城，西北八十里，周八十里。水勢深廣若湖海，其水停而不流。水禽蝟集，群育其中。或謂：水禽惟鴛鴦最多，故名，即今安固里濼。濼周，地多農耕，收獲亦豐。

張北縣志卷二「地理下、古蹟、鴛鴦濼」：「在縣城西北八十里，即今安固里諾爾。」

宣府鎮志卷八「山川考、開平衛、鴛鴦泊」：「周圍八十里，其水停積不流。自遼金以來，為飛放之所。」

扈從集「後序」：「鴛鴦濼，其地南北皆水，濼勢如湖海，水禽集育其中，以其兩水，故名鴛鴦。或云：水禽惟多鴛鴦。」

扈從集「紀行詩、鴛鴦濼作」：「官路何逶迤……晚次鴛鴦濼……。鳧鷖雜翔，巨鱗潛躍。居人歲取給，遠眺僅一勺。原隰多種蓺，農奚犬牙錯。滌場盈粟麥，力穡喜秋穫……。」

廣百川學海乙集「北征錄」：「封王陀，今名鳳凰山，山西南有故城，名沙城，西北有海子，鴐鵝鴻雁之類，滿其中。」

口北三廳志卷之二「山川」：「鳳凰山，沙城東北里許……。」註謂：「海子，即鴛鴦濼。」

幸魚兒濼十九次，大魚濼五次。濼在縣城西，六十五里，亦稱大魚濼。

欽定大清一統志卷四百九「鑲黃等四旗牧廠、山川、魚兒泊」：「在故興和城西。按金史地理志，柔遠縣有大魚濼，即此。」

張北縣志卷一「地理志上、諾爾、二諾爾」：「在第一區，縣城西六十五里，蘇計梁三牌，二諾爾村，有諾爾一處，面積四十餘畝。地有碱性，無他出產，已成廢諾爾。按一統志，魚兒泊，在興和故城西。金史地理志，柔遠縣有大魚濼，疑即此諾爾。」

避暑，幸炭山十七次。山在張北縣城，東三十里。即黑山，亦稱陘頭。地寒涼，雖盛夏，小重裘。建有二涼殿，為承天后及遼主宗真，納涼之所。灤水源於此。

路振乘軺錄：「炭山，即黑山也。地寒涼，雖盛夏，必重裘。宿草之下，掘深尺餘，有層冰，瑩潔如玉，至秋分則消釋。山北有涼殿，虜每夏往居之。」

張北縣志卷二「地理志下、古蹟、炭山」：「在第一區，縣城東三十里，炭窰村北山上，現為集沙壩，出泥炭之處。在遼代，炭山之名最盛。」

宣府鎮志卷八「山川考、遼志、炭山」：「在歸化州，遼人謂之陘頭，承天后輔政日，納涼於此。今萬全右衛，西南四十里。」

讀史方輿紀要卷十八「萬全指揮使司、炭山」：「司西一百二十里，灤水源於此。遼史，歸化州有炭山，謂之陘頭，契丹主遊獵於此，有涼殿，承天皇后，納涼所也。

明一統志卷五「萬全都指揮使司、山川、炭山」：「又山之東三十里，別建涼殿，乃遼主宗真納涼也。」按：宗真，遼興宗之名諱。后明達治道，聞善必從。習知軍事，澶淵之役，指揮三軍，將士用命。子聖宗，稱遼盛主，后教訓為多。

遼史卷七十一「后妃、景宗睿智皇后蕭氏」：「諱綽……，帝即位，選為貴妃，尋冊為皇后，生聖宗……。統和元年，上尊號曰承天皇太后……。后明達治道，聞善必從，故群臣咸竭其忠。習知軍政，澶淵之役，親御戎車，指揮三軍，賞罰明信，將士用命。聖宗稱遼聖主，后教訓為多。」

幸燕子城二次。城即張北縣城，亦稱燕賜城。金曰吉甫魯灣苑，清曰古勒達尔罕。

張北縣志卷二「地理志下、古蹟、燕子城」：「舊興和路，即今之張北縣。」

金史卷二十四「西京路、撫州、柔遠」：「倚大定十年，置于燕子城，隸宣德州，明昌三年來屬，有燕子城，國語曰吉甫魯灣苑。」

欽定大清一統志卷四百九「鑲黃等四旗牧廠、古蹟、興和故城」：「柔遠縣，大定二年，置于燕子城，隸宣德州，明昌三年來屬，有燕子城，國語曰古勒達尔罕。」

按：柔遠縣，即燕子城。柔遠縣，隸金撫州，元興和路，依郭，故燕子城，即興和故城，亦即今張北縣城。

湰水集卷八「撫州二首、又」：「燕賜城邊春草生，野孤嶺外斷人行。沙平草遠望不盡，日暮惟有牛羊聲。」

辛旺國崖二次。崖在興和城內，金改曰靜寧山。

欽定大清一統志卷四百九「鑲黃等四旗牧廠、古蹟、興和故城」：「撫城有旺國崖，大定八年五月，更名靜寧山。」

辛涼陘三次。陘在桓州，金時，嘗建景明宮，揚武殿於此。

金史卷二十四「桓州」：「景明宮，避暑宮也。在涼陘有殿，揚武殿。」

口北三廳志卷之三「古蹟、獨石口、涼陘景明宮」：「金史地理志，景明宮，避暑宮也，在涼陘。」「揚武殿」：「金史地理志，涼陘有揚武殿，大定二十年命名。」

## 三、興和路之名勝古蹟

萬丈崖，在張北縣城西南，一百三十里，山險峰銳，有冰洞，常年不化。

張北縣志卷二「地理志下、名勝」：「萬丈崖，在第五區，縣城西南，一百三十里，大虎溝西南。山勢險要，峰銳奇特。山麓有洞，高約丈餘，寬亦丈餘，常年結冰不化，故謂之冰洞。春夏間，常有鴉雀等鳥，每入其中，即行凍斃。」

喇嘛洞，在萬丈崖東五里，金智崇禪師，修煉於此，洞中美若仙境，深不可測。

張北縣志卷二「地理志下、名勝」：「喇嘛洞，在萬丈崖東五里，車令溝村，有洞一，形勢天然。金時，智崇禪師，在此洞修煉……。凡人遊洞者，常發見桃核甚多，不知何故，深為奇異。洞之高寬，各丈餘，其深不知伊於胡底。身入其中，如登仙境，觸景慼懷，輒生飄飄欲仙之想，亦可為張北，不可多得之勝地也。」

响鈴寺，在縣城東南一百里，有古剎，依山為洞而建。寺中梵殿佛像甚夥，有古松二株，老幹十圍，洵千年古物。無風習習作响，因以名寺，亦一奇觀。

張北縣志卷二「地理志下、名勝」：「响令寺，在縣城東南一百里，依山為洞，洞口有古剎，梵殿佛像甚夥。中有古松二株，巍巍參天，亭亭矗立，老幹十圍，洵千年物也。雄居廟院，雖無風搖，習習作响，亦一奇觀……。」

麻達葛山，白龍洞，在縣城西南七十里，山勢巍巖疊翠，嶔崎壁削。洞旁有水井，雖一勺之水，取用不竭。大定二十九年，更名狐土白山，山上有冰井，章宗生於此。世宗愛此山，勢衍氣清，封山神曰瑞聖公。

張北縣志卷二「地理志下、名勝」：「白龍洞，在縣城西南七十里，洞上有山，巍巖疊翠，嶔崎壁削，洞旁有小水井，雖一勺之水，取之不盡，用之不竭……。按金史，撫州有麻達葛山，大定二十九年，更名狐土白山，上有冰井……，章宗生於此。世宗愛此山，勢衍氣清，更章宗名之。明昌四年，冊封山神，為瑞聖公，疑係此洞也。」

太子城，在縣城東南一百八十里，相傳秦建以居太子扶蘇。黎明遠望，見城郭廬舍宛然，日出則沒，故又名化城。

張北縣志卷二「地理志下、古蹟」：「太子城，在縣城東南一百八十里……。舊時相傳，為秦築以居太子扶蘇者。又云，按櫓上隱現太子城匾額，均屬誕妄，不可信。」

張北縣志卷八「藝文志、詩歌」：「化城行」註：「張北有太子城，黎明時，遠望有城郭，涌出地上，樓櫓雉堞宛然，所謂化城也。」

陵川集卷十「化城行」：「東郊野馬如馬驚，依稀隱約還成城。參錯雉堞雲間橫，鰲頭岌嶪擎長鯨。壯哉三都與兩京，殿閣樓觀頑空明。丹艧峭麗欹且傾，烟氣荏苒搖旆旌。其中似有百萬兵，是邪非邪寂無聲。秦邪漢邪杳難名，長風忽來一掃清。赤日如血高天青，霜淨沙乾雁鶩鳴。路傍但見棘與荊，祗有慘淡萬古情。人間城郭幾廢興，一抔聚散皆化城。君不見，始皇萬里防胡城，人土並築頑如冰。屈丐按劍將土蒸，堅能礪刀草不生。神愁鬼哭枯血腥，殺人盈城著死爭。只今安在與地平。平地深谷為丘陵，江南善守鐵甕城。城外有田不敢耕，西北廣莫無一城。控弦百萬長橫行，身為心城屋身城，一朝破壞俱化升，佇立感化參玄冥，乾坤翻覆一化城。」

北羊城，在縣城北三十里，白城子村，內有皇城。遼太祖三年，置羊城於炭山北，以通互市。

張北縣志卷二「地理志下、古蹟」：「北羊城，在縣城北三十里，白城子村，內有皇城，外有大皇城。遺址均高約丈餘，有門四，外城甚大。其形迹，已不甚明顯，是否為北羊城，待考。遼史本紀，太祖三年，置羊城於炭山之北，以通市易。」

大水濼，在縣城北三十里，即伊克腦兒，今之大腦兒，與昂古里濼相通。

張北縣志卷二「地理志下、古蹟」：「大水濼，在縣城北三十里，即伊克腦兒，今之大腦是也。」

口北三廳志卷之二「山川」：「大水濼，新河口外，白城子東，興和城北，土人呼為伊克腦兒，與昂古里濼相通，伊克，華言大腦兒，華言水濼也。」

## 三十七　王著

王著，字子明，元益都路，益都縣人。

秋澗集卷九「義俠行」：「予為王著，作劍歌行……，著字子明，益都人。」

山東通志卷三「建置志」：「青州府」：「元，益都路。」「益都縣」：「益都縣，為益都路治。」

亦明清益都縣人。

青州府志卷四十二「人物傳五、元」：「王著，字子明，益都人。」

山東通志卷三「建置志」：「皇清，清州府。明，清州府。」「益都縣，青州府治。」

少沈毅，有胆識，輕財尚義，不屑小節，嘗為吏，去而從軍，官至千戶。

秋澗集卷九「義俠行」、「著字子明，益都人。少沈毅，有膽氣，輕財重義，不屑小節，嘗為吏，不樂去而從軍。」

益都縣圖志卷四十「忠節傳」：「元，王著，字子明，益都千戶。」

益都縣卷之九「忠義、元」：「王著，世祖時千戶。」

阿合瑪特，回紇人，以侍皇后，深獲世祖信任，累遷中書省平章政事，兼制國用使。

多桑蒙古史第三卷第三章「忽必烈之理財大臣」：「先是弘吉剌之一部長，阿勒赤那顏女，察必可敦，尚未入宮，為忽必烈正后時，阿合馬識可敦父所。可敦正位後，命之侍皇后宮廷。阿合馬多智巧言，以功利成效自負。可汗試以行事，頗有成績，由是奇其才，重委任之，言無不從。」

元史卷二百五「姦臣」：「阿合瑪特，回紇人……。至元元年……秋八月，罷領中書左右部，併入中書，超拜阿合瑪特，為中書平章政事，階榮祿大夫。三年，立制國用使司，阿合瑪特，又以平章政事，領使事。」

專橫暴虐，貪恣無度，民怨沸騰，著私鑄銅錘，誓殺此獠，為民除害。

元史續編卷二：「左相阿合瑪特，留守大都，專權貪恣，人厭苦之。益都千戶王著，密鑄大銅錘，自誓，願擊阿合瑪特。」

元史卷二百五「姦臣、阿合瑪特」：「益都千戶王著者，素志疾惡，人心憤怨，密鑄大銅錘，自誓願擊阿合瑪特首。」

至元十七年二月，中書右丞張易，荐高和尚，可役鬼為兵殺敵，詔赴北邊。

新元史卷之十「世祖四」：「十七年……二月乙亥，中書右丞張易言：高和尚有秘術，能役鬼為兵，命和禮和孫，與高和尚同赴北邊。」

元史卷十一「世祖八」：「十七年……二月乙亥，張易言：高和尚有秘術，能役鬼為兵，遙制敵人，命和禮霍孫將兵，與高和尚，同赴北邊。」

其術不驗，乃殺其徒，詐稱己屍，欺眾逃歸。

元史卷二百五「姦臣、阿合瑪特」：「妖僧高和尚，以秘術行軍中，無驗而歸。詐稱死殺其徒，以屍欺衆逃去，人亦莫知。」

十九年春，皇太子從世祖，北幸上都。高和尚、王著等，密謀構變，誅阿合瑪特。

元史卷一百六十九「高觿」：「十九年春，皇太子從帝北幸，時丞相阿合馬留守……。

益都千戶王著，與高和尚等，因構變，謀殺之。」

二月十七日，夜率八十餘人，或數百人，偽為儀衛，詐稱皇太子，返京作佛事，或謂與國師來建佛事。入建德門，直趨東宮。

元史卷二百五「阿合瑪特」：「戊寅日，詐稱皇太子，還都作佛事，結八十餘人，夜入京城。」

元史卷一百六十九「張九思」：「夜聚數百人為儀衛，稱皇太子，入建德門，直趨東宮。」

元史卷一百六十九「高觿」：「三月十七日……，今夕皇太子與國師，來建佛事。」

明晨，遣二番僧，至中書省，詭令備祭佛齋物。

元史卷二百五「阿合瑪特」：「旦遣二僧，詣中書省，令市齋物。省中疑而訊之，不伏。」

午遣崔總管，即侍衛親軍總管崔澍，矯傳皇太子命，俾樞密副使張易，發兵若干，以是夜會東宮前。

元史卷二百五「阿合瑪特」：「午又遣崔總管，矯傳令旨，俾樞密副使張易，發兵若干，以是夜會東宮前。易莫察其偽，即令指揮使顏義，領兵俱往。」

重修平度州志卷二十四「考二、金石、元昭武大將軍漢軍都元帥左都監軍崔公神道碑、膠水縣教諭時惟敏撰文」：「公諱世榮，青人也，徙居膠淯八十餘年矣，初授定海軍節度使判官，次授昭武大將軍，萊登二州漢軍都元帥，左都監軍，卒年七旬……。有子五人，長曰潤……，二曰澍，至元十三年，以材武選隸軍籍，從元帥綦公，北征和林，大戰獲功，欽授宣命，佩金牌，陞武略將軍，管軍鎮撫。至元十五年，從劉都元帥，北征紅山口，奮戰獲功，加授宣命管軍千戶。至元十七年以後，累立戰功，陞授宣命，明威將軍，佩己降金牌，領侍衛親軍總管。」

新元史卷之六十「百官志六、右都威衛使司」：「中統三年，以世祖五投下探馬赤，立總管府，秩正四品，設總管一員。二十一年，撥屬東宮。」

元史卷九十一「百官七、武散官三十四階」：「明威將軍，以上正四品。」

重修平度州志卷十七「列傳三、歷代人物、崔世榮」：「世榮，青州人……。金亡，二子皆仕元……。澍、世祖至元十三年……，從元帥綦公直，征和林……，劉國傑征紅山口……。」

元史卷二百五「姦臣、阿合瑪特」：「著自馳見阿合瑪特，詭言太子將至，令省官悉候宮前。」

著往見阿合瑪特，詐言皇太子將至，命中書省官，悉至東宮迎候。

偽皇太子至，立馬傳呼省官至前，痛責阿合瑪特數語，著即牽之去。與仗義相助之崔澍，率步騎百餘人，以銅錘碎其首，誅於柳林之下。復殺左丞郝禎，囚右丞張惠。」

元史卷二百五「姦臣、阿合瑪特」：「偽太子立馬指呼，省官至前。責阿合瑪特數語，著即牽去，以袖銅錘，碎其腦立斃。繼呼左丞郝禎至殺之，囚右丞張惠。」

重修平度州志卷二十四「考二、金石，元昭武大將軍漢軍都元帥左都監軍崔公神道碑」：「澍……領侍衛親軍總管，至元十九年，權臣阿合馬，私竊朝政，蘊蓄禍機，蔽塞中外。公仗義與將軍王著，率步騎百餘，誅之於柳林之下。」

時高觿，張九思，宿衛宮中，察其偽，疾叱衛士擊之，高和尚等，潰散奔逃，獨著挺身請囚。

元史卷一百六十九「高觿」：「乃與九思，大呼曰：此賊也，叱衛士急捕之，高和尚等皆潰去。」

元史卷二百五「姦臣、阿合瑪特」：「尚書張九思，自宮中大呼以為詐。留守司達嚕噶齊布敦，遂持挺前擊，立馬者墮地。弓矢亂發，衆奔潰，多就擒。高和尚逃去，獨著挺身請囚。」

中丞也先帖兒等，驛赴上都告變。帝命樞密副使博囉等，馳驛大都，討作亂者。

元史卷一百六十九「高觿」：「中丞也先帖木兒，與高觿等，馳驛往上都，以其事聞。」

元史卷二百五「姦臣、阿哈瑪特」：「時世祖方駐蹕察汗諾爾，聞之震怒，即日至上都，命樞密副使博囉，司徒和爾果斯，參政阿里等，馳驛至大都，討為亂者。」

捕高和尚於高梁河，與王著誅而醢之，并殺張易。著臨刑大呼言：為民除害，事必書傳於世。

元史卷二百五「姦臣、阿合瑪特」：「庚辰，獲高和尚於高梁河。辛巳，博囉等馳驛至大都。壬午，誅王著高和尚於市，皆醢之，並殺張易。著臨刑大呼：王著為天下除害，今死矣！異日必有為我書其事者。」

崔澍，因阿合瑪特之子忽辛，告其從亂，亦遇害。

重修平度州志卷十七「列傳三、歷代人物、崔世榮」：「阿哈馬……子忽卒，馳奏澍等為亂，遂遇害。」

元史卷二百五「姦臣、盧世榮」：「由阿合馬任智自私，欲其子忽辛，行省兼兵柄而止……。」

新元史卷之二十九「氏族表下、阿合馬亦回回人」：「阿合馬，中書平章政事。」「忽辛，大都路總管，中書左丞。」按：重修平度州志，謂阿哈馬子忽卒，為忽辛之誤。

阿合瑪特既死，世祖猶不知奸，令中書勿問其家。及詢索羅，始知其罪大惡極。命發其墓，剖棺戮屍，縱犬食其肉，子侄悉誅。百官士庶，無不稱快。

元史卷二百五「姦臣、阿合瑪特」：「阿合瑪特死，世祖猶不深知其姦，令中書毋問其妻子。及詢孛羅，乃盡得其罪惡，始大怒曰：王著殺之，是也。命發墓，剖棺戮屍，於通玄門外，縱犬啗其肉。百官士庶，聚觀稱快。子姪皆伏誅，沒入其家屬財產……。」

復崔澍等官職。

重修平度州志卷十七「列傳三、歷代人物、崔世榮」：「孛羅為相，盡列阿哈馬奸狀，世祖始甚知之曰：王著殺之，誠是也。乃命暴棺鞭屍，仍籍其家，并復澍等官。」

凡王惲，明胡粹中，均讚之謂：著為天下除宮，固法所不容。然挺身請囚，義不苟免，誠俠義豪傑，英烈丈夫。

秋澗集卷九「義俠行」：「著處心積慮，一旦以計殺之，快則快矣，終非正理……。凡人臨小利害，尚且顧父母念妻子，慮一發不當，且致後患。著之心孰為不及此哉。然所以略不顧惜者，正以義激於衷，而奮捐一身為輕，為天下除害為重……。事之露，著不去，自縛詣司。敗以至臨命氣不少挫，而視如歸，誠殺身成名，季路仇牧，死而不悔者也，故以劍歌易為義俠云……。死年二十九……。」

元史續編卷二：「王著自誓擊殺阿哈瑪特，為天下除害，可謂有疾惡之心者。觀其事敗，而挺身請囚，義不苟免，盖亦有烈丈夫之風焉。」

## 三十八　乾討虜軍

至元十年五月，禁無籍之乾討虜人，從大軍殺掠。願從軍者，於萬戶千戶中，結成牌甲出征。

元史卷九十八「兵一、兵制」，「十年……五月，禁乾討虜人，其願充軍者，於萬戶千戶內，結成牌甲，與大軍一體征進。」

元史卷八「世祖五」：「十年……五月……，禁無籍軍，從大軍殺掠，其願從軍者聽。」

十二年十月，宋主請降。十三年三月，宋亡。

元名臣事略卷二「丞相淮安忠武王」：「王名巴延……。十二年……十月……，宰臣陳宜中，發使來，請降日。及期，宜中逃海，軍進臯亭山。宋主遣其臣，賫國璽奉表納，上命董文炳，入宋宮，取宋主，居別室，封庫歸有司。宋亡，十三年三月也。」

十四年，以江南新附，尚多反側，詔募能從軍征戰者，自成一軍，任其長領之，不役於他軍，制命牌符，一同正軍。故自願從大軍殺掠者，稱乾討虜人，組成之軍隊，稱乾討虜軍。

元史卷一百二十一「博羅歡」：「十四年……，時江南新附，尚多反側，詔募民能從大軍進討者，使自一軍，聽節度於其長，而毋役於他軍，制命符節，皆與正同。」

十六年二月，張宏範克崖山，其主廣王，赴水死。

元名臣事略卷六「元帥張獻武王」：「王名宏範……，十六年……二月，四分其軍，分處東南北三面，王自將一軍，相去里許，下令曰：宋舟西艤崖山，潮至必東遁，急攻之，勿令得去……，宋師大潰，宋臣以其主廣王赴水死……。於是嶺海悉平。」

十七年，江南初定，詔江淮諸路，募死士從軍，號荅刺罕軍，亦稱達爾罕軍，隸劉萬奴麾下。

元史卷九十八「兵一」：「應募而集者，曰答刺罕軍。」

欽定元史語解卷二「宮衛」：「達爾罕……，卷九十八，作荅刺罕，軍名。」

元史卷九十八「兵一、兵制」：「十七年，詔江淮諸路，招集荅刺罕軍。初平江南，募死士，願從軍者，號荅刺罕，屬之劉萬戶麾下。」按：戶為奴之誤。

按荅剌罕軍，係募集而成。乾討虜軍，亦招募成軍。且荅剌罕軍，乾討虜軍，均隸劉萬奴麾下。故二者，雖一軍二名，實為一軍。

元史卷九十八「兵一、兵制」：「江東道僉事馬奉訓言，劉萬奴乾討虜軍。」古代草原部族，作戰之目的，在於掠奪土地，抄掠財貨，剽虜人口。故成吉思汗西征，克撒麻耳干，虜工匠三萬人，分賞其妻，子，諸將。居民五萬，獻贖金二十萬，始得返家。

多桑蒙古史「第七章、河中之侵略」：「撒麻耳干居民，被殺者亦衆，括餘民，成吉思汗取工匠三萬人，分賞其諸子諸妻諸將。蒐簡供軍役者，數與之同。尚餘居民五萬，出贖金，金錢二十萬，然後許之返城。」

迨用兵中原，亦復如此。

元文類卷六十「中書左丞姚文獻公神道碑」：「太祖平，遣二太子總大軍南伐，降唐、鄧、均、德安四城……，襄、樊、壽、泗，繼亦來歸。而壽、泗之民，盡於軍官分有……。淮蜀軍將，惟剽殺，子女玉帛，悉歸其家。城無居民，野皆榛莽。」

兼以所封荅剌罕者，征伐所獲之戰利品，圍獵所獲之獵物，均獨得而不分。他人之戰利品，圍獵所獲，則集中分配，不得獨享。

蒙古秘史新譯並註釋「二一九節」：「再恩賜鎖兒罕失剌，巴歹，乞失里黑，你們荅兒罕們，再增加（你們）荅兒罕的權利。剿捕衆敵，可隨得隨取。如圍獵野獸，可隨殺隨拿。」按：荅兒罕，即達爾罕，荅剌罕。

蒙韃備錄箋證「軍政」：「凡破城守，有所得，以分數均之。自上及下，雖多寡，每留一分，為成吉思皇帝獻。餘物則敷俵有差，宰相等，在於朔漠，不臨戎者，亦有數焉。」

復因江南未平，默許乾討虜軍，從大軍殺掠。故乾討虜軍，無不大事殺掠。為一自動應募投效，毫無軍紀之暴軍。

元史卷十三「世祖十」：「二十一年……八月……，御史臺臣言：無籍之軍，願從軍殺掠者，初假之，以張渡江兵威。」

故至元十二年王貞，十六年董文忠，十七年馬奉訓，均嚴詞譴責，彈劾乾討虜軍之掠人財貨，虜人貨賣，奏請罷之。

元史卷九十八「兵一、兵制」：「十二年……六月……，萊州酒稅官王貞等上言：國家討平殘宋，吊伐為事，何嘗以賄利為心。彼不紹事業小人，貪圖貨利，作乾討虜名目，侵掠彼地，所得人口，悉皆貨賣，以充酒食之費。勝則無益朝廷，敗則實為辱國。其招討司，所收乾討虜人，可悉罷之。第其高下，籍為正軍，命各萬戶管領征進。一則得其實用，二則正王師吊伐之名，實為便益，從之。」
元史卷一百二十一「博羅歡」：「十四年……，時江南新附，尚多反側，詔募民能從大軍進討者，使自為一軍……。董文忠奏曰，今疆土寖廣，勝兵百萬，指揮可集，何假此無籍之徒。彼一踐南土，則掠財貨，俘人妻孥，仇怨益滋，而叛者愈衆矣，奏上……，可其奏。」
元史卷九十八「兵一、兵制」：「二十一年八月，江東道僉事馬奉訓奏言：劉萬奴乾討虜軍，私相糾合，結為徒黨，張弓挾矢，或詐稱使臣。莫若散之各翼萬戶千戶百戶牌甲內管領為便。」
至元十五年，十六年，十七年，二十一年，二十四年，亦累禁無籍軍，亦即乾討虜人，從軍殺掠。然累經諫止，詔禁，其效不彰。
元史卷十「世祖七」：「十五年……五月……，申嚴無籍軍，虜掠……之禁。」
元史卷十「世祖七」：「十六年正月……甲寅，無籍軍，侵掠平民。而諸王只必帖木兒所部，為暴尤甚，命捕其為首者，寘之法……。十一月……，罷招討使劉萬奴，所管無籍軍，願從大軍征討者。」
元史卷九十八「兵一、兵制」：「十七年七月，詔江淮諸路，招集荅剌罕軍……。南北統一，復散之，其人無所歸，率群聚剽掠。至是，命諸路招集之，令萬奴部領如故，聽范左丞，李拔都二人節制。」

元史卷十三「世祖十」：「二十一年……八月……，御史臺臣言：無籍之軍……，今各持弓矢，剽劫平民，若不隸各翼，恐生他變，詔遣之還家。」

元史卷十四「世祖十一」：「二十四年……三月……，禁無籍自効軍擾民，仍籍充軍。」

且二十二年，乾討虜軍尚存。

元史卷九十九「兵二、鎮戍」：「二十年……十月，發乾討虜軍千人，增戍福建行省。」

元史卷九十八「兵一、兵制」：「二十二年……十月，從月的迷失言：以乾討虜軍七百人，籍名數，立牌甲，命將官之無軍者領之。」

乾討虜軍，為漢語之名，其義不解。按乾，天也，健也。天，顛也，至高無上，豈健勇之首？以名討虜軍。

康熙字典五七二頁：「天：說文：顛也，至高無上。」二〇六頁：「乾，易卦名，程頤曰，以形體謂之天。」「乾，健也，健行不息也。」又乾沒《史記張湯傳》始為小吏乾沒。

# 三十九　朮赤之身世

## 一、朮赤身世致疑之由來

篾兒乞人，與帖木真家族結怨，源于乃父也速該，擄篾兒乞人也客赤列都，迎娶新婚妻子，訶額侖為妻。

元朝秘史十八、十九頁：「那時太祖的父，也速該把阿禿兒，在斡難河放鷹，見篾兒乞氏的人，名也客赤列都，於斡勒忽納氏，行娶的妻子引將來。也速該把阿禿兒，望見那婦人，生得顏色，隨即回家，引他哥哥捏坤太子，弟答里台斡赤斤來了。他兄弟來到時，也客赤列都見了恐懼……。其妻說：那三個人的顏色，好生不善，必害了你性命，你快走去……。也速該把阿禿兒，兄弟三人……，將那婦人裏將去……，將回去，與也速該把阿禿兒，做了妻。」

也速該，為帖木真求婚，返家途中，遇塔塔兒人宴集，因饑渴入席。塔塔兒人，遂下毒，也速該抵家卒。

元朝秘史二十二、二十三頁：「他女兒生得好……，也速該問他索這女子。德薛禪說……我將女兒與你兒子，你兒子留在這裏做女婿……。也速該回去，到扯克扯兒地面，遇著塔塔兒每做筵席。因行得饑渴，就下馬住了。不想塔塔兒每，認得說，也速該乞顏來了，因記起舊日，被擄的冤仇，暗地裏和了毒藥與吃了……。也速該說……，回時被塔塔兒家暗毒害了……。我兒子帖木真，快與我取來，說罷死了。」

蓋塔塔兒人，乘俺巴孩，送女兒完婚，擒之，送往女真。女真遂以木驢，處死俺巴孩。由是，兩族為世仇。忽圖刺，曾率部衆，與塔塔兒人，激戰十二次，以應俺巴孩，報仇之遺命。也速該亦於戰時，擄其二將，使然。

元朝秘史十七、二十頁：「俺巴孩將女兒，嫁與他，親自送去，被塔塔兒人拏了，送與大金家。俺巴孩去時，別速氏巴剌合赤名字的人，說將回去……。我是衆百姓的主人……，你每將五個指甲磨盡，使壞十個指頭，也與我每報讐。」

多桑蒙古史第二章「成吉思汗之祖先」：「合不勒汗……，曾入朝女真皇帝，女真皇帝，驚其食量過人。一日，合不勒汗酒醉，捋帝鬚，酒醒請罪，金主笑釋不問，厚為之禮而歸。合不勒甫行，女真帝之臣，言其恐為邊患，乃遣使要之返。合不勒不受命，使者執之。合不勒乘間脫歸，使者踵至，合不勒命諸奴殺之……。女真帝，方挾前此，合不勒汗殺使之忿，乃釘俺巴孩於木驢上，此蓋專懲遊牧叛人之刑也。」

元朝秘史二十頁：「忽圖刺做了皇帝，同合答安太子，往塔塔兒處報仇行了，與闊端巴剌合札里不花兩人，廝殺十二次，不曾報得仇。與塔塔兒廝殺時，也速該把阿禿兒，將他帖木真，兀格豁里不花等擄將來。」

也速該既卒，所統部衆，咸謂深水已乾，明石已碎，孤兒寡婦，不足以統衆，遂悉叛去。

元朝秘史二十四頁：「那年春間，俺巴孩皇帝的兩個夫人，斡兒伯莎合台……道：論來呵，可將這母子每，撇下在營盤裏，休將他行。塔兒忽台……等，果然將他母子每，撇下了。當有察剌合名字老人勸時，脫朵延吉兒帖說道，深水乾了，明石碎了，不從他勸，起了，又將察合剌老人，背脊刺了一鎗。」

篾兒乞人，因帖木真，形單勢孤，襲之。擄孛兒帖而返。使配也客赤列都弟，赤勒格兒力士為妻。

元朝秘史四十六頁：「這三種篾兒乞惕，領著三百人來時，為在前脫黑脫阿的弟赤列都，他妻訶額侖，被也速該奪要了，因此來報仇。繞了不兒罕山三遭，拏不得帖木真，只得了孛兒帖，將去配與赤列都弟，赤勒格兒力士為妻。」

帖木真曾獻孛兒帖，陪嫁之黑貂皮襖，因請王罕救回孛兒帖。王罕與札木合，聯軍兩萬，夜襲篾兒乞，盡擄其衆，奪回孛兒帖。凱旋途中，舉子朮赤。

元朝秘史四十三、四十六、四十七、四十八頁：「帖木真……前往……王罕處去，到了說：不想被三種篾兒乞惕每，將我妻子每，擄著要了。皇帝父親，怎生般將我妻子救與麼道。王罕說：去年你與我，將貂鼠襖子來時，我曾說，離了的百姓，我與你收衆……。將蔑兒乞惕每滅著，你妻孛兒帖，還救與你，你可教札木合兒弟知道……。王竿……便教兩萬軍上馬……，到不兀剌地面，將脫黑脫阿妻子百姓，盡絕擄了……。帖木真當夜，使人對王罕，札木合兩個說，我尋的人，已自得了……。」

新元史卷一百六「朮赤」：「太祖乞師王罕與札木合，襲敗篾兒乞，返光獻皇后，已而舉子，遂名之曰朮赤。」

或謂，孛兒帖姊，為王罕妃，也速該復有德王罕。聞帖木真之請，即脅篾兒乞，歸孛兒帖，途中朮赤生。

多桑蒙古史第一卷第九章「朮赤之死」：「蔑兒乞人，乘鐵木真不在，入盧帳掠孛兒帖去。王罕索之蔑兒乞王，始放還。道舉一子，名曰朮赤。」

元史譯文證補卷四「朮赤補傳」：「孛兒帖有姊，為汪罕妃，烈祖又嘗有德於汪罕，故聞太祖訴，即脅蔑兒乞，歸孛兒帖……，比在歸途，朮赤生。」

或稱，蔑兒乞與王罕交好，獻孛兒帖與王罕。王罕與也速該為按荅，歸孛兒帖，途中舉子朮赤。

元史譯文證補卷一下「附太祖后妃公主考」：「蔑兒乞攻成吉思汗，掠孛兒帖而去……。蔑兒乞與汪罕交好，以孛兒帖贈汪罕。汪罕因與也速該為按荅……，歸孛兒帖，途中朮赤生。」

元朝秘史，因未載孛兒帖，何年何月，被掠，救回，兼以日後之若干事蹟，遂致朮赤之血統，倍生疑議。

## 二、朮赤為成吉思之血胤

新元史，蒙兀兒史記，元史譯文證補，多桑蒙古史，均稱孛兒帖，被掠前已孕。朮赤，為成吉思汗之龍種。

新元史卷一百六「朮赤」：「光獻皇后，孕朮赤時，為蔑兒乞人所掠，太祖乞師王汗與札木合，襲敗蔑兒乞，返光獻皇后，已而舉子，遂名之曰朮赤。」

蒙兀兒史記卷三十四「拙赤列傳」：「拙赤，成吉思汗長子。母孛兒帖初孕時，蔑兒乞人……，掠孛兒帖去。成吉思乞師於客列亦部長王罕，復得札荅闌部長札木合助兵，襲破蔑兒乞，得孛兒帖歸。既而舉子，是名朮赤。」

元史譯文證補卷四「朮赤補傳」：「孛兒帖……未被掠時，孕已數月，比在歸途，朮赤生。」

多桑蒙古史第一卷第九章「朮赤之死」：「朮赤歿年三十餘……，其母孛兒帖，初孕時，蔑兒乞人……，掠孛兒帖去。王罕索之蔑兒乞王，始放還。在道舉一子，名曰朮赤。」

洪鈞更謂，蔑兒乞，王罕，距帖木真居地，不甚遠。計孛兒帖自掠至歸，不過數月，故為龍種，殊無疑義。且西人治元事者，從無謂朮赤，非帖木真，真子者。

元史譯文證補卷四「朮赤補傳」：「案汪罕蔑兒乞與皆太祖所居，不甚遙遠，自被掠至歸，不過數月之期，如西書所云，則龍種，更無疑義……。西人之考元事者，實繁有徒，從無言朮赤，非太祖真子也。」

## 三、朮赤非成吉思汗之血統

然蒙古社會制度史則謂，孛兒帖，似被擄後受孕。蒙古社會制度史第一章第二節「早期蒙古社會的民族制度、一、氏族」：「孛兒帖，似在被擄期間受孕。以後被救回之後，生下一個男孩拙赤。」

蒙古與俄羅斯言，帖木真不能斷定，朮赤確為其子。

蒙古與俄羅斯第一章「四、鐵木真的興起」：「孛兒帖遂為敵方劫持而去……。當地被俘之時，被迫配與一個征服族的男子……。但於她生下她第一男兒朮赤時，因他無斷定，確為己後，故對此長男，不甚悅愛。」

傑克魏澤福著，「成吉思汗」云，鐵木真不信，朮赤為己子。

成吉思—近代世界的創造者「三河傳說」：「孛兒帖於一一七九年，生下第一個兒子，鐵木真……，不相信那是他的親生兒子。」

約翰曼著，「發現成吉思汗出生死亡與復活」稱，朮赤之父為誰，永遠無法釐清。

「發現成吉思汗出生死亡與復活」九十四頁：「唯一的陰霾，是孛兒帖已經懷孕，雖然孩子的父親是誰，永遠也無法釐清。」

一代天驕成吉汗謂，朮赤非鐵木真之骨血。

一代天驕成吉思汗第四章「嬌妻被劫」：「術赤是別人家的人，不是鐵木真的骨血。」

朮赤之血統，所以滋生疑義之因。〈一〉、蒙語朮赤，諸著譯為，不速之客，客也，訪客，賓客。四譯，意皆外人。亦即朮赤，非帖木真之子。盖外人造訪，謂之客人。未有子孫返家，亦謂之客人也。

新元史卷一百六「朮赤」：「光獻皇后姊，為王汗妃，聞光獻皇后被掠，告於蔑兒乞，使返之。中途朮赤生，倉卒無襁褓，摶麪盛之，置於騎上而歸。太祖曰，此不速之客也，故名以朮赤。以此為諸弟所輕，尤與察合台不協。」

多桑蒙古史第一卷第九章「朮赤之死」：「蔑兒乞人……，掠孛兒帖去。王罕索之於蔑兒乞王，始放歸。在道舉一子，名曰朮赤。蒙古語，猶言客也。」

蒙兀兒史記卷三十四「拙赤列傳」：「拙赤者，蒙兀兒語客也。然卒以是，見輕於諸弟，仲弟察阿歹，尤與不協。」

成吉思汗—近代世界的創造者「三河傳說」：「朮赤，意為訪客，賓客。許多學者，以此為證，認為鐵木真，不相信那是他的親生兒子。」

〈二〉、成吉思汗西征，也遂夫人言，上遠征萬里，設有不諱，四子誰為主。朮赤未及對，察合歹曰，彼蔑兒乞種，安能委之為主。朮赤忿而揪其衣領，欲與之決鬥，成吉思汗，為之默然。以常情而論，若成吉思汗，視察合歹，所言無根，辱及父母長兄，豈能不暴怒，而痛懲之，安能默坐無言。成吉思汗，視朮赤非其血胤，其心顯然。

元朝秘史一百六十四、一百六十五頁：「其後，太祖回回……，臨行時，也遂夫人說，皇帝涉歷山川，遠去征戰，若一日倘有諱，四子內命誰為主，可令衆人先知。太祖……於是問拙赤，我子內，你是最長的，說甚麼。拙赤未對，察阿歹說，父親問拙赤，莫不是要委付他。他是蔑兒乞種帶來的，俺如何教他管。纔說罷，拙赤起身，將察阿歹衣領揫住說，父親不曾分揀，你敢如此說。你除剛硬，再有何技能……。我與賽相搏，你若勝我時，倒了處再不起……，太祖默坐間。」

〈三〉、繼承之徵詢，雖暴爭執，終因察合台，荐窩闊台繼承，朮赤，拖雷，亦無異義，遂命窩闊台繼承。所以如此，雖出自諸子共識，然亦潛示，成吉思汗，不欲朮赤，人承大統，蓋以成吉思汗之德威，將領雖統兵十萬，遠在千里之外，詔杖，則伏地，斬則授首。若堅主朮赤入承，察合台，安敢異義。

元朝秘史一百六十五、一百六十六頁「察合台微笑著說，拙赤的氣力技能，也不用爭，諸子中，我與拙赤最長，願與父親，出氣力……。斡歌歹敦厚，可奉教訓。於是太祖再問拙赤，如何說。拙赤說，察阿歹已說了，俺二人並出氣力，教斡歌歹承繼者……。又問斡歌歹，如何說，斡歌歹說，父親恩賜教說，我雖說自己不能，儘力謹慎行將去……。又問拖雷如何說，拖雷說，父親指名說的，兄跟前……，差去征戰時即行。」

多桑蒙古史第一卷第十章「成吉思汗作戰優越之原因」：「成吉思汗，對於將校之有過者，祇須遣派一，最低賤之臣民，已足懲之。此將雖極之地，統兵十萬，亦應遵守，使者所傳之命。若為受杖，則應伏於地。若為死刑，則應授其首。」

〈四〉、成吉思汗，分封諸子，朮赤封疆絕遠。在鹹海以北，西至撒哈辛不里阿耳，兩部邊界。驛騎急行，兩百餘日，始抵和林。蓋成吉思汗，視其非我血胤，家族排斥，命之遠離爭端。朮赤亦因遠封異域，以長子不得入承大統，恒鞅鞅不樂。

多桑蒙古史第二卷第一章「成吉思汗分封土地軍隊於其親屬」：「長子朮赤，封在鹹海之北，西抵撒哈辛不里阿耳，兩部邊界。據史家阿剌丁之說，則謂成吉思汗，曾以韃靼馬蹄所至，西方之地，付與朮赤。」

元史卷一百十七「朮赤」：「朮赤者，太祖長子也。國初，以親王分封西北。其地極遠，去京師數萬里。驛騎急行，二百餘日，方達京師。」

元史譯文證補卷四「朮赤補傳」：「西域悉定，太祖北歸。朮赤自以與弟不睦，己所封地，遠在異域，恒鞅鞅不樂。」

新元史卷一百六「朮赤」：「朮赤自以長子，不得襲父位，又封地絕遠，恒鞅鞅不樂。」

〈五〉、拔都西征勝利，宴集慶祝。諸王中，年最長，先飲。察合台之子不里，窩闊台之子古余克，額勒只吉台之子合兒合孫，均大罵，拂袖而去。朮赤，拔都，兩代受辱。足証家族中，多視其父子，非我族類。

元朝秘史一百七十九、一百八十頁：「巴禿自乞卜察，差使奏來說。賴長生天的氣力，皇帝叔叔福蔭，將十一種國土百姓，都收捕了。因大軍將回，各人分離，會諸王做筵席。於內我年長些，先喫了一二盞。不里、古余克，兩個惱了，不曾筵會成，上馬去了。不里說，巴禿與我一般，如何先飲。他是有鬚的婦人，我腳後跟，推倒踏他。古余克說，他是帶弓箭的婦，胸前教柴打他。額勒只吉歹子，合兒合孫說，他後頭接他個木尾子……，皇帝叔叔知也者。」

## 四十　拖雷之死

蒙俗，子成年，即分家產，使之自立。幼子，則繼承父之一切遺產，謂之斡赤斤。譯言主竈，家主，家督。

新元史卷一百五「帖木哥斡赤斤」：「帖木哥斡赤斤，烈祖幼子，少太祖六歲。國語謂主竈，曰斡赤斤。」

蒙兀兒史記卷二十三「拖雷列傳」：「蒙兀俗，少子守父產……，拖雷，彼家主也。」

蒙古與俄羅斯第一章「蒙古之擴張、三、十二世紀末葉蒙古各部族」：「幼子為家督，並繼承其父個人之基本財產。」

太祖軍隊，十二萬九千人，除分封諸子，人各四千，弟斡赤斤五千，母訶額侖三千等。所餘十萬一千人，悉歸拖雷。拖雷統帥之蒙古軍，為諸兄之二十五倍有奇。

多桑蒙古史第二卷第一章「成吉思汗分封土地軍隊於其親屬」：「成吉思汗死時，遺有軍隊十二萬九千人，以十萬一千人付拖雷……。所餘二萬八千人，成吉思汗，分給朮赤、察合台、窩闊台三子，各四千人。斡赤斤分得五千人，其弟合赤溫之子，分得三千人。其母月倫，分得三千人。其弟拙赤合撒兒之子，分得千人。」

名分封之軍隊，皆以其封主，曰長王為中心，世隸而效忠之。

多桑蒙古史第二卷第一章「成吉思汗分封土地軍隊於其親屬」：「此種軍隊，連同其家屬，世隸各系之長王。同系諸王，並受此長王之節制。」註：「此種蒙古軍隊，經成吉思汗，分給於其諸子，及諸親屬者，為數雖微，然構成各系軍隊之中心。」

窩闊台，雖奉太祖治命，入承大統。然仍召開庫烈尔泰，宗親選汗大會，通過始可。因列會者，多歸心拖雷，兼以實力，與拖雷相較，亦至為懸殊，故荐拖雷而固辭，致大會遷延四十日，社稷大計，懸而未決。

蒙古與俄羅斯第一章七「窩闊台汗時代蒙古的擴張」：「全蒙古的領袖，均參加此一庫烈尔泰大會。惟以成吉思汗之子嗣，始可繼承汗位，故大會只能在他們當中，加以選擇……。然早在御崩之前，成吉思汗，已指定窩闊台，為其繼承人。」

多桑蒙古史第二卷第一章「大會」：「開大會之首三日，大設宴饗。到會之人甚衆，遂聚議選立新君，時諸王多歸心拖雷，窩闊台以位讓諸兄弟，及諸叔等，且拖雷從未一日離其父，所受教訓，較他人為多，大位應由彼繼承，遂力辭。諸王等曰，成吉思汗，既已指定汝為繼承人，我等不能背其遺命，窩闊台仍固辭。如是宴樂者四十日，繼承問題，懸而决。」

耶律楚材，進言拖雷，事涉社稷，宜早定大計。拖雷曰，事猶未集，可擇日再議，似具推託意。

元史卷一百四十六「耶律楚材」：「楚材言於睿宗曰，此宗社大計，宜早定。睿宗曰，事猶未集，別擇日可乎。」

楚材復向察合台諫言，王，兄也，位，則臣。王先拜，孰敢不拜。察合台、斡赤斤，分持窩闊台左右手，拖雷獻酹，東向拜日，群臣跪拜，即位。

元史卷一百四十六「耶律楚材」：「乃告親王察合台曰，王雖兄，位則臣也，禮當拜，王拜，則莫敢不拜，王深然之。」

新元史卷四「太宗」：「闊迭額阿剌勒，請帝遵太祖遺詔即位……。皇兄察合台，持帝右手。皇叔斡赤斤，持帝左手。皇弟拖雷，以金杯進酒，贊帝東向拜日。察合台率皇族，及群臣，拜於帳下。」

太宗二年秋，集議伐金。太宗自將南下，拖雷迂迴唐鄧，期明年春，會師于汴。

元史卷一百十五「睿宗」：「己丑夏，太宗還京，八月即位。明年庚寅秋，太宗伐宋……。拖雷進曰……，有降人李昌國者言，金主遷汴，所恃者黃河潼關之險。爾若出寶雞，入漢中，不一月可達唐鄧。金人聞之，寧不謂我師，從天而降……。遂大發兵，太宗以中軍，自碗子城南下。斡陳那顏，以左軍，由濟南進。而拖雷總右軍……，沿漢江而下。期以明年春，俱會于汴。」

拖雷受命，遣使假道，宋殺使，遂拔漢中，沿漢水而下，攻鄧州。金軍二十餘萬，固守不克，遂揮兵北上，金軍躡其後，至三峰山，蒙軍合圍。

元史卷一百十五「睿宗」：「遣使搠不罕詣宋假道……，宋殺使者，拖雷……乃分兵攻宋諸城堡，長驅入漢中……。拖雷既渡漢，金大將合達，設伏二十餘萬，于鄧州之西……。拖雷舉火夜行，金合達聞其且至，退保鄧州。攻之三日不下，遂將而北……。合達等知拖雷已北，合步騎十五萬，躡其後。」

金史卷一百十二「移剌蒲阿」：「金軍遂進，北軍果却三峰之東北……。張惠、按得本立山上，望北兵二三十萬，約厚二十里……。北兵與河北軍合，四外圍之。」

時彌天雪霧，地皆麻田，泥濘沒脛，戟結冰如椽，金軍有三日不食者。拖雷故縱之，勢如山崩，阻擊追殺，金軍精銳，盡殲于斯。

金史卷一百十二「移剌蒲阿」：「須臾雪大作，白霧蔽空，人不相覿。時雪已三日，戰地多麻田，往往耕四五過，人馬所踐，泥淖沒脛，軍士披甲胄，僵立雪中，槍槊結凍如椽，軍士有不食至三日者……。乘金困憊，乃開鈞州路縱之……，金軍遂潰，聲如山崩……，金軍無一人得逃者。」

元史卷一百十五「睿宗」、「拖雷……遂奮擊于三峰山，大破之。追奔數十里，流血被道，資杖委積，金之精銳盡於此矣。」

太宗巡視戰地，深讚拖雷之善於用兵，群臣亦稱其功在社稷。

元史卷一百十五「睿宗」：「太宗尋至，按行戰地，顧謂拖雷曰，微汝不能致此捷也，諸侯王進曰……，拖雷之功，著在社稷。」

大軍北還，命速不台，圍金之汴京。

多桑蒙古史第二卷第一章「速不台之圍汴京」：「三月，命速不台，進圍汴京……，蒙古主將北還。」

太宗還至龍虎台，或謂出古北口，或稱至官山不豫。

元朝秘史一百七十七頁：「免兒年，斡歌歹皇帝征金國，命者別為頭哨，遂敗金兵，過居庸關，駐軍龍虎台，忽得疾。」

多桑蒙古史第二卷第一章「窩闊台拖雷之還蒙古」：「一二三二年五月，蒙古主窩闊台，偕其弟拖雷，取道真定燕京，出古北口，而還蒙古。比出長城，窩闊台得疾。」

新元史卷一百八「拖雷上」：「夏四月，扈駕北還，避暑官山。五月，太宗不豫。」

五月，帝不豫，六月疾甚，昏憒失音。

元史卷一百十五「睿宗」：「從太宗，收定河南諸郡，四月由半渡入真定，過中都，出古北口，駐夏于官山。五月，太宗不豫。六月疾甚。」

元朝秘史一百七十七頁：「駐軍龍虎台……，斡歌歹，忽得疾，昏憒失音。」

巫師卜之謂，伐金殺戮過甚，金山川之神為祟。太宗致殃之源，為祟之因，直指拖雷。

元朝秘史一百七十七頁：「命巫師卜之，言乃金國山川之神，為軍馬擄掠人民，毀壞城郭，以此為祟。」

新元史卷一百八「拖雷上」：「師巫言，金國山川神，以我殺戮過多為祟。許以人民財寶禳之，卜之不從，疾益重，惟以親人代之始可。」

元朝秘史一百七十七頁：「許以人民財寶等物禳之，卜之不從，惟以親人代之則可。」

故拖雷禱天，請自代。飲巫師祓除釁滌之水，帝數日疾癒。拖雷從北返，至阿剌合的思之地，遇疾卒。因其自認必死，故請太宗，善待遺孤。

蒙古秘史新譯並註釋「第二七二節」：「巫師們咒詛了，把咒詛的水，給皇子拖雷喝了。他坐了一會兒就說，我醉了，等我醒過來的時候，請可汗哥哥，好好關照孤弱的侄輩，寡居的弟婦吧。」

元史卷一百十五「睿宗」：「取巫師祓除釁滌之水飲焉，居數日，太宗疾愈。拖雷從之北還，至阿剌合的思之地，遇疾而薨。」

元朝秘史一百七十七、一百七十八：「斡歌歹說，如今我跟前有誰。當有大王拖雷說……，如今我代哥哥有的罪孽，都是我造來，我又生的好，可以事神，巫師取水咒說了，拖雷飲畢，略坐間，覺醉說，比及我醒時，將我孤兒寡婦，抬舉教成立者，皇帝哥知也者。說罷，出去，遂死了。」

太宗大慟，每飲醉，輒泣云，深痛其死，故飲酒取醉，以釋心中之悲。此乃作態掩飾，免人生疑，引發事端。

多桑蒙古史第二卷第二章「拖雷之死」：「註：朮外尼書……又云，可汗慟甚，終身常痛念之。每醉輒泣云，我因深痛其死，故飲酒取醉，而釋我心中之悲。」

拖雷之死，實太宗藉迷信，巫師下毒而卒。蓋諸多除其之法，此最安全。設所飲之咒水無毒，拖雷安能死亡。且時值中壯，即如朮外尼所言，狂飲致病，亦不致於死。蓋所飲馬湩，葡萄酒，米酒，蜜酒，均非烈酒。何況僅此一說，可信度並不高。

多桑蒙古史第二卷第二章「拖雷之死」：「註：朮外尼書，未云此事，僅云，拖雷還自中國，狂飲致疾，越二三日死。」

新元史卷一百八「拖雷上」：「卒年四十。」

多桑蒙古史第二卷第六章「拔都帳」：「飲料有四種，曰葡萄酒，曰米酒，曰馬湩，曰蜜酒。」

此計之策劃，至為詳密，環環相扣。巫師初言，致祟之因，源於伐金殺戮太重。直指拖雷，使之無可迴避。繼則禳以財寶不許，明示置拖雷于事外。昏憒之太宗突醒，巫師奏言，非親人代之不可。且其巧絕倫，僅拖雷在側，尤使拖雷絕難迴旋。按太宗巡視三峰山戰地，諸王隨侍，皆太宗之子侄，何無一人在側。古余克，乃太宗之子，曾隨拔都西征。父南征，安有不隨侍之理。父病甚，而子不在，豈非悖乎常情。計之斧鑿，誠昭然若揭。

太宗所以毒殺拖雷，因其擁有無可匹敵，殊難抗爭之龐大兵力。太祖雖分封諸王軍隊，然多則五千，少則一千，均不足為患。拖雷則有十萬一千之衆，幾控制蒙古之全部兵力。故對太宗構成極大之壓力與威脅。

召開選汗之宗親大會，太宗以太祖之治命，本可順利當選即位。然列會者，多歸心拖雷。迫于現實，荐拖雷而固辭。拖雷復以事猶未集而推託，致大會遷延四十日，使帝位幾不保。故益增對拖雷之疑懼難安。

及定策伐金，拖雷不足五萬之兵力，盡殲十五萬金軍于三峰山。功高震主之才能及威望，更使太宗寢食難安。卧榻之旁，豈容卧虎，故必除之而後安。

## 四十一　明宗之暴崩

明宗，武宗之長子。武帝即位，立弟仁宗為皇太子，命日後傳位明宗。然讒言構煽，仁宗背信，立子英宗為皇子。詔封明宗為周王，出鎮雲南。

元史卷三十一「明宗」：「武宗入承大統，立仁宗為皇太子，命以次傳於帝。武宗崩，仁宗立……。丞相鐵木迭兒，欲固位取寵，乃議立英宗為皇太子又與太后幸臣識烈門，譖帝於兩宮……。於是封帝為周王，出鎮雲南。」

周王就任雲南，道出延安，武宗舊臣，咸皆來會。教化建言：出鎮雲南，本非上意，乃譖陷所致，宜白行省上聞。否則，事變叵測。旋教化被殺，周王遂奔金山。

元史卷三十一「明宗」：「周王……就鎮，是年冬十一月，帝次延安……，武宗舊臣……，皆來會。教化謀曰：天下我武皇之天下也，出鎮之事，本非上意，由左右搆間致然，請以其故白行省，俾聞之朝廷……。鐵木迭兒……襲殺阿思罕，教化于河中，帝遂西行，至北邊金山。」

比至，西北諸王，以武宗嘗鎮漠北，屢平叛亂，威望甚盛，復在位五年，皆其臣屬，故咸來迎附。周王與約，其部屯墾，西北平靜多年。

元史卷二十二「武宗一」：「成宗大德三年，以寧遠王闊闊出，總兵北邊，怠於備禦，命帝即軍中代之。四年八月，與海都戰……敗之。十二月軍至按台山，乃蠻帶部落降。五年八月，與海都戰……，海都軍潰……。十年七月……，踰按台山，追叛王斡羅思，獲其妻孥輜重，受諸降王……降。海都之子察八兒，逃于都瓦部，盡俘其家屬營帳。駐冬按台山，降王禿曲滅復叛，與戰敗之，北邊悉平。」

元史卷二十三「武宗」：「四年春正月……庚辰，帝崩於玉德殿……，在位年，壽三十一。」

元史卷三十一「明宗」：「西北諸王察阿台等，聞帝至，咸率衆來附。帝至其部，與定約束……。命者，耕于野泥。十餘年間，邊境寧謐。」

文宗，武宗之次子。英宗即位，因構陷，詔居海南。泰定帝，詔還京師，封懷王，二年出居建康，復還江陵。

元史卷三十二「文宗一」：「英宗即位，鐵木迭兒復為丞相，懷私固寵，構孼骨肉……，出帝居于海南……。泰定召帝……還京師，十月封懷王，賜黃金印。二年正月，又命出居建康……。二月……還帝居江陵。」

泰定帝，崩于上都，丞相倒刺沙等，結党專橫，逾月不立新君，朝野疑懼不安。

元史卷三十二「文宗一」：「致和元年……七月庚午，泰定皇帝崩于上都，倒刺沙及梁王王禪，遼王脫脫，因結黨害政，人皆不平。」

元史卷三十一「明宗」：「至治三年八月癸亥，御史大夫鐵失等弒英宗。晉王也孫鐵木兒，自立為皇帝，改元泰定……。三年……七月庚午，泰定皇帝崩于上都，倒剌沙專權自用，踰月不立君，朝野疑懼。」

三年八月，京師留守，僉樞密院事，燕鐵木兒，以曾受武宗賞識拔擢，與西安王等，召百官，集興聖宮，兵皆露刃。倡言武宗聖子當立，不從者死。立捕中書平章，左右丞，參政下獄。且言：已遣使北迎周王，然漠北路遙，慮生他變，乃迎懷王于江陵。

元史卷一百三十八「燕鐵木兒」：「泰定……三年，遷同僉樞密院事……。泰定帝崩于上都……，燕鐵木兒，時總環衛，留大都。自以身受武宗寵拔之恩，其子宜纂大位。」

元史卷三十一「明宗」：「泰定……三年……八月，甲午黎明，召百官，集興聖宮，兵皆露刃，號於衆曰：武宗有二聖子……，大統所在，當迎立之，不從者死。乃縛平章烏伯都剌，伯顏察兒，以中書左丞朵朵，參知政事王士熙等下獄……。帝方遠在沙漠，猝未能至，慮生他變，乃迎帝弟懷王于江陵。且宣言已遣使北迎帝，以安衆心。」

且封府庫，收百司印符，置兵要害，調諸衛軍屯京師，燕鐵木兒，嚴守內廷，幸旦不寐。

元史卷三十二「文宗」：「調兵守禦關要，徵諸衛兵屯京師，下郡縣造兵器，出府庫犒軍士。燕鐵木兒，直宿禁中，達旦不寐。」

元史卷一百三十八「燕鐵木兒」：「封府庫，拘百印，遣兵守諸要害。」

八月丁巳，懷王入京，群臣勸進，固讓曰，長兄在北，以長以德，當有天下。燕鐵木兒諫言，人心背向，間不容髮一或失之，噬臍莫及。九月壬申，懷王即帝位，改元天曆，是為文宗。

元史卷三十一「明宗」：「八月……丁巳，懷王入京師，群臣請正大統，固讓曰：大兄在北，以長以德，當有天下。必不得已，當明以朕志，播告中外。九月壬申，懷王即位，是為文宗，改元天曆。」

元史卷一百三十八「燕鐵木兒」：「燕鐵木兒……與諸王大臣，伏闕勸進，文宗固辭……。燕鐵木兒曰……人心背向之機，間不容髮，一或失之，噬臍無及。文宗乃悟……，壬申文宗即位，改元天曆，赦天下。」

倒剌沙等，立泰定帝之子為皇帝，並揮兵南犯京師。燕鐵木兒等軍，於榆河，紅橋，白浮，檀子山，檀州南，累敗其軍。

元史卷三十一「明宗」：「懷王即位……，時倒剌沙，在上都，立泰定皇帝子為皇帝，乃遣兵分道犯大都。」

元史卷三十二「文宗」：「燕鐵木兒與王禪前軍，戰于榆河敗之，追奔紅橋……，又敗之……。大戰白浮之野……敗之……。戰薊州之檀子山……，王禪等遁崑山州……。大戰于檀州南敗之。」

齊王等軍，圍上都，丞相倒剌沙，袒肉奉國璽出降。王禪遁。遼王被殺，上都之亂平。

元史卷三十二「文宗」：「齊王月魯帖木兒，東路蒙古元帥不花帖木兒等軍，以兵圍上都，倒剌沙等奉皇帝寶出降，梁王王禪遁，遼王脫脫，為齊王月魯帖木兒所殺，遂收諸王符印。」

元史卷一百三十八「燕鐵木兒」：「上都屢敗勢蹙，壬寅，倒剌沙肉袒，奉皇帝寶出請死……，兩都平。」

泰定三年八月，遣使北迎周王。天曆二年正月，文宗復遣使往迎，受命勸進，周王即于和寧北之行在。四月，燕鐵木兒上皇帝寶。

元史卷三十一「明宗」：「天曆二年正月乙丑，文宗復遣中書左丞躍里帖木兒來迎，乙酉，撒迪等，入見帝于行帳，以文宗命勸進。丙戌，帝即位于和寧之北……。四月癸巳，燕鐵木兒見帝於行在，率百官上皇帝寶。」

七月，文宗受皇太子寶。八月，明宗抵王忽察都之地。丙戌，皇太子進見，宴皇太子，諸王百官。庚寅，帝暴崩，年三十，葬起輦谷。

元史卷三十一「明宗」：「七月……丙子，文宗受皇太子寶……。八月乙酉，次王忽察都之地，丙戌，皇太子入見，是日，宴皇太子，諸王大臣于行殿。庚寅，帝暴崩，年三十，葬起輦谷。」

暴崩，意即並非善終。世人頗疑乃文宗，與燕鐵木兒，月魯不花，也里牙，明里董阿等，陰謀弒其君。故順帝至元六年，詔除太廟文宗神主，謂文宗假讓位之名，以皇帝寶來獻，使明宗推不疑，乃與其臣月魯不花，也里牙，明里董阿等，圖謀不軌，使明宗飲恨暴崩，文宗再御宸極。

元史卷三十六「文宗五」：「後至元六年六月，以帝謀為不軌，使明宗飲恨而崩，除其廟主……。文宗……假讓位之名，以寶璽來上，皇考推誠不疑……。當躬迓之際，乃與其臣，月魯不花，也里牙，明里董阿等，謀為不軌，使我皇考，飲恨上賓，歸而再御宸極。」

元史卷一百三十八「燕鐵木兒」：「文宗后曰……，明宗有子妥懽貼睦爾，出居廣西，今年十三矣，可嗣大統，於是奉太后命，召還京師。至良鄉，具鹵迎之。燕鐵木兒，竝馬而行……，無一語酬之。燕鐵木兒，疑其意不可測。且明宗之崩，實與逆謀。恐其即位之後，追舉前事，留宿數月，而心志日以瞀亂。」

所以如此，蓋文宗自泰定三年九月即位，至天曆二年八月，明宗暴崩，已掌控朝政，十一月。不唯平定上都另立新君之亂，且帝位鞏固。使之讓位，雖立為皇太子，然來日變化，不可預測。故除聖人外，無人可能如此。

元史卷三十一「明宗」：「泰定……三年……九月壬申，懷王即位，是為文宗，改元天曆……。天曆二年……八月……庚寅，帝暴崩。」

即史稱賢君之唐太宗，猶有殺兄建成，元吉，玄武門之變。

新唐書卷二「太宗」：「九年六月，太宗以兵入玄武門，殺太子建成及齊王元吉。高祖大驚，乃以太宗為皇太子。」

等而下之，弒父兄而纂者，史載不鮮。且手段慘酷，對話悖逆之極。如五代南梁，郢王友珪，弒其父太祖。

舊五代史卷十二「梁書第十二、宗室列傳二」：「友珪……封郢王……，乾化……二年，弒太祖纂位。」

舊五代史卷六「梁書第六、太祖紀六」：「通鑑：閏月壬戌，帝疾甚……。友珪雜控鶴士，入伏于禁中，夜斬関入至寢殿……。帝驚起，問反者為誰，友珪曰非他人也……。帝曰……，汝悖逆如此，天地豈容汝乎。友珪曰：老賊萬段。友珪僕夫馮廷諤，刺帝腹，刃出于背。友珪自以破氈裹之，瘞於寢殿，秘不發喪。」

南漢中宗弘熙，弒兄殤帝。

十國春秋卷五十九「南漢二、中宗本紀」：「中宗名晟，初名弘熙，封晉王，令力士弒殤帝。」

十國春秋卷五十九「南漢二、殤帝本紀」：「殤帝名玢，高祖第三子也，初名弘度……。高祖晏駕，弘度即皇帝位……。光天元年……，以弟晉王弘熙輔政……。弘熙令指揮使陳道庠，引力士劉思潮，譚令禋，林少疆，林少良，何昌延五人，聚晉府，習為角觝以獻。是夜，帝與諸王，宴長春宮閱之，帝大醉起，道庠因與思潮等，掖帝拉殺之，盡殺左右侍從之人。」

十國之閩，尤令人震驚。嗣王弒太祖，諡號惠懿王。延禀弒嗣王，大閩國王。竟兩代子弒其父，弟弒其兄。

十國春秋卷九十一「閩二、嗣王世家」：「嗣王名延翰，字子逸，太祖長子。太祖薨……，軍府將士勸進，己丑，自號大閩國王……。追崇考惠懿王，曰昭武王……。延禀執之，暴其罪惡，且稱與妃崔氏，共弒先王。五國故事云：或言惠懿暴終，博陵之鴆，故也。」按鴆，鳥名，食蝮蛇，羽巨毒。」

燕鐵木兒，奉命獻皇帝之寶，陛見明宗。明宗之從官，有慢不為禮者。燕鐵木兒，既怨且懼，恐來日叵測，故與謀叛逆。

元史續編卷十：「文宗皇帝，天曆二年……八月……庚寅，帝暴崩……。評曰：聞之故老言，雅克特穆爾，奉上璽綬之時，明宗從官，有不為之禮者。雅特穆爾，且怨且懼。」

明宗崩，燕鐵木兒，即奔入帳殿，取皇帝寶，且言奉皇后命，以皇帝寶授文宗。並親環甲冑，扶文宗上馬，疾馳上都，文宗復即位，俾固其位。

元史卷一百三十八「燕鐵木兒」：「明宗暴崩，燕鐵木兒，以皇后命，奉皇帝璽寶授文宗，疾驅而還。晝則率宿衛士以扈從，夜則躬環甲冑，繞幄殿巡護。癸巳達上都，遂與諸王大臣，陳勸復正大位，己亥文宗復即位於上都。」

元史續編卷十：「評曰：聞之故老言……，帝暴崩，雅克特穆爾，聞哭聲，即奔入帳中，取寶璽，扶文宗上馬南馳。本史乃言：皇太子入哭盡哀，雅克特穆爾，以皇后命，奉皇帝寶授太子。其說不合，豈即宋太宗，燭影離席之意，當時忌諱者，有不敢明言之者歟。」

明宗之子順帝，詔除文宗神主謂，月魯不花，也里牙，明里董阿，皆與謀逆。文宗殺也里牙，仍杜天下之口。故疑明宗之暴崩，由其下手。文宗亦受殞罰，壽僅二十九。

元史卷四十「順帝三」：「六年……六月丙申，詔撤文宗廟主……。其略曰：昔……文宗稔惡不悛，當躬迓之際，乃與其臣，月魯不花，也里牙，明里董阿等，謀為不軌。使我皇考，飲恨上賓……。內懷愧慊，則殺也里牙以杜口。上天不祐，隨降殞罰。」

元史卷三十六「文宗五」：「帝崩，壽二十有九，在位五年。」

總之，明宗之暴崩，乃文宗，燕鐵木兒，月魯不花，也里牙，明里董阿等所弒。既有旁證，且順帝詔除文宗神主所言，雖可謂私心恨之譖言。然順帝本紀，既紀文。文宗本紀，亦列此言，予以評斥。燕鐵木兒傳，更謂其與謀叛逆。足證史家，認同順帝之辭。故弒其君明宗，非虛妄無根之說。

## 四十二　押不蘆花

押不盧，草名，漠北，回回地方，皆產。狀若人參，極毒。磨少許，和酒飲之，即麻痺而死。加以刀斧，亦不知。至三日，投以棄簣子少許，則蘇。

癸辛雜識、續集上「押不蘆」：「回回國之西，數千里地，產一物極毒，全類人形，若人參之狀，其酋名之曰押不蘆。生土中，深數丈。人或誤觸之，著其毒氣，必死。取之法，先於四旁，開大坎，可容人，然用皮條絡之。皮條之系，繫於犬之足，既而用杖擊逐犬，犬逸而根拔起，犬感毒氣，隨斃。然後就埋土坎中，經歲然後取出曝乾，別以他藥制之。每以少許，磨酒飲人，則通身麻痺而死，加以刀斧，亦不知也。至三日後，別以少藥投之，即活。盖古華陀，能刳腸滌胃，以治疾者，必用此藥也。今聞御藥院中，亦儲之。」

湛淵集「續演雅十詩」：「草食押不蘆，雖死元不死。未見滌腸人，先聞棄簣子。」註謂：「漠北，有名押不蘆，食其汁立死，然以他藥解之，即蘇。華陀洗腸胃攻疾，疑先服此。」

御定佩文齋群芳譜卷九十七「藥譜、押不蘆」：「回回地方，有草名押不蘆，土人以少許磨酒飲，即通身麻痺而死，加以刀斧，亦不知。至三日，則以少藥投之，即活。御藥院中，亦儲之。」

至正十年，明玉珍寇雲南，梁王奔威楚，諸軍皆亂。幸段功累敗玉珍，雲南得安。梁王德之，以女阿襤妻之。大理段夫人，促功歸。既返復還，梁王左右，譖之，謂功心懷叵測。梁王召阿襤，給以孔雀胆，命毒段功。阿襤告之，功不置信，遂被殺。

雲南通志卷三十「雜紀，大理國」：「段氏之先，白人也……。至正十年，段功繼為總管，明玉珍寇雲南。梁王奔威楚，諸部悉亂。功進兵呂閤，敗玉珍於關灘。玉珍收餘衂再戰……，段氏火之，玉珍軍亂，死者什七八，追至回蹬關，大敗之……。梁王德功，以女阿襤妻之。功夫人高氏，寄樂府一章，促之歸……。段功得書乃歸，既而復往，左右譖於王曰：段平章大有呑金馬，嗾碧鷄之心矣，盍早圖之。梁王密召阿襤……，今付汝孔雀膽一具，乘便可毒殪之，襤潸然受命。夜寂私語功曰：我父忌阿奴，願與阿奴西歸……，三諫之，終不聽。明日，邀功東寺……，命蕃將格殺之。」

阿襤愁憤而死，有遺詩吟其情懷。

雲南通志卷三十「雜紀、大理國」：「阿蓋聞變，失聲哭曰，昨暝燭下，纔講與阿奴，雲南施宗施秀，烟花殞身，今日果然。阿奴雖死，奴不負信黃泉也，欲自盡，梁王百計防衛，阿蓋作詩，愁憤而死，詩曰：吾家住在雁門深，一片閒雲到滇海。心懸明月照青天，青天不語今三載。欲隨明月到蒼山，誤我一生踏裏彩。吐嚕吐嚕段阿奴，施宗施秀同奴歹。雲片波潾不見人，押不蘆花顏色改。肉屏獨坐細思量，西山鐵立風瀟灑。」按詩中之「阿奴」，為對段功之暱稱。「滇海」，即昆明之滇池，亦名昆明湖。「蒼山」，即段氏大理之點蒼山。「肉屏」，言防護人員之衆多。「押不蘆花」，乃阿蓋之自稱。

讀史方輿紀要卷一百十七「雲南五，大理府、點蒼山」：「在府城西，巍峩秀麗，為南中奇勝。頂有高河泉，深不可測，分為十九峰，又有瀑布諸泉，流為錦十八川，環繞群峰間。」

雲南通志卷三「山川、雲南府、昆明縣、滇池」：「在城南，一名昆明湖，周三百餘里。」

阿蓋，既憐段功之愛與悲，復怨忿其父，百般熬煎，其情其死，令人無限憐惜而同悲。宜乎其名動一方，史載其事。

# 四十三　元代城鄉之制度

## 一、城隅之建制與設職

元代基層組織，採城鄉雙規制。凡縣之郭內，設四隅，曰東南隅，西南隅，東北隅，西北隅。

太平縣志卷之三「食貨志，役法、元役法」：「縣各四隅。」

至順鎮江志卷二「坊巷」：「歸附之初……，設四隅。」

無錫縣志卷一「邑里第一」：「城隅凡四，東南，東北，西南，西北。」

延祐四明志卷八「錄事司」：「東南隅……，西南隅……，東北隅……，西北隅……。」

然路之總管府，均名城巨邑，商賈居民衆多，故設隅之數，無上限。

至順鎮江志卷二「錄事司」：「隅七、崇德隅，化隆隅，太平隅，踐教隅，靜甯隅，臨津隅，還仁隅。」

元史卷九十一「百官志、百官七、行中書省、錄事司」：「凡路府所治，置一司，掌城中戶民之事。」

偏僻貧困之縣，因人口較少，僅設兩隅。

至順鎮江志卷二「金壇縣、坊巷」：「地僻民貧……，乃以化隆併崇德，太平併還太，兩隅。」

江陰縣志卷二「疆域、坊鄉」：「元兩廂內，增建淳和，太平，耆德三坊。」按宋明兩代，皆稱廂，元代曰隅。名雖異，實則一。故「元、兩廂」，為「元、兩隅」之誤。

隅下設坊，坊下設巷。

至順鎮江志卷二「坊巷、錄事司」：「隅七……，坊二十七……，巷八十二……。」

或隅下不設坊，僅設社。

延祐四明志卷八「鄞縣、錄事司」：「東南隅，大字社，地字社……。西南隅，律字社，呂字社……。東北隅，河字社，淡字社……。西北隅，遜字社，國字社……。」

隅置坊官，坊司。

至順鎮江志卷二「坊巷」：「歸附之初，每隅，設坊官，坊司，皆老胥舊吏為之。役輕事簡，取于民亦微。」

至治元年，隅改置隅正。

至順鎮江志卷二「坊巷」：「至治元年十一月，耆老建言，差設隅正。」

坊置坊正。

太平縣志卷之三「食貨志、役法、元役法」：「縣各四隅，設坊正。」

蘭谿縣志卷五「役法」：「元則有坊正……，以應上役。」

巷置巷長。

大元通制條格卷第十六「立社巷長」：「至元七年閏十一月，尚書省司農司呈……，合依真定等路，選立社巷長。」按社巷長，即社長，巷長。

隅正之職責繁重，舉凡辦造作，應雜務，羈罪人，運官物，納酒課，徵地錢，悉委之。

至順鎮江志卷二「坊巷」：「凡官府排辦造作，祗應雜務，羈管罪人，遞運官物，閉納酒課，摧徵地錢，悉委隅正。」

巷長，則任教訓，不務本業，游手好閑，兇惡之人。

大元通制條格卷第十六「立社巷長」、「至元七年閏十一月，尚書省司農司呈，大名彰德等路，在城居民……，恐有不務本業，游手好閑，兇惡之人，合依真定等路，選立社巷長教訓。」

## 二、鄉之建制與設職

縣郊之地，設鄉。其建制，延祐間，鄉下設都，社。

延祐四明志卷八「鄉都、鄞縣」：「鄉十一，都五十二。」

大元國朝聖政典章「典章二十三、戶部九、立社、勸農立社事理」：「諸縣所屬村疃，凡五十家，立為社。」

至順年，鄉下設都，里，社。

至順鎮江志卷二「鄉都、丹徒縣」：「崇德鄉，在縣南。都三，里十五。」

至元時，鄉下設里，保，村。

至元嘉禾志卷三「松江府」：「白砂鄉，在府東南一百三十里。三保，六村，管三里。」

至正中，鄉下設都，保。

無錫縣志卷一「鄉坊一之八」：「鄉二十有二……統都六十，保五百八十五，詳見總村下。」

故其建制，多所更異，似無定制。

鄉置里正、為一鄉之長。

大元國朝聖政典章「典章二十六、戶部十二、賦役、戶役」：「每一鄉，擬設里正一名。」

太平縣志卷之三「食貨志、役法、元役法」：「鄉設里正。」

其鄉司人員，則有役首，帖役，弓手，秖候，禁子，斗子，曳剌，舖兵，船夫，房夫。

太平縣志卷之三「食貨志、役法、元役法」：「大率，以糧多者，為役首，其次為帖役。雜役，則弓手，秖候，禁子，斗子，曳剌，舖兵，船夫，房夫。」

都置主首，且以工作之難易，而多寡之。上等都，置四名。中等都，置三名。下等都，置二名。

太平縣志卷之三「食貨志、役法、元役法」：「主首，則隨事之難易，而多寡之。」

大元國朝聖政典章「典章二十六、戶部十二、賦役、戶役」：「每都主首，以上等都，分擬設四名。中等都，分擬設三名。下等都，分擬設二名。」

至元七年，嘗置鄉頭，為一鄉之長。保頭，為一保之首。

大元通制條格卷第十七「賦役、濫設頭目」：「至正七年四月，尚書省御史臺呈……，諸處州縣，各管村，合以遠近，併為一鄉，或為一保，設立鄉頭，里正，保頭……。仰遍行各地，嚴切禁治……。不致似以前，冒濫多設，作弊擾民。」

## 三、鄉職人員之選舉

里正，每年自里中，上等戶，富豪戶，廉能無過失者中選任。

大元國朝聖政典章「典章二十六、戶部十二、賦役、戶役」：「當官從公推排，糧極多等上戶，殷富者充里正。」

大元通制條格卷第十七「賦役、主首里正」：「大德五年八月，欽奉聖旨……，止令貧難下戶，承充里正主首，錢糧不辨，偏負生受……。有田納稅富豪戶，計即與其餘富戶，一例輪當里正主首。」

大元通制條格卷第十六「田令」：「凡里正……，選留廉幹無過之人。」

元史卷九十三「食貨志、農桑」：「分農民為三等，上戶，地一十畝。中戶，五畝。下戶，三畝，或一畝。」

主首，每年於都中，中等戶中，自行公同，推唱供認者充任。本都糧多極者，若自願充任兩年，或各主首，如自願出顧役者，均聽其自便。

大元國朝聖政典章「典章二十六、戶部十二、賦役、戶役、編排里正主首例」：「依驗糧數，令人戶，自行公同，推唱供認。如是本都，糧戶極多，願作兩三年者，亦聽自便……。各都主首，如自願出顧役者，聽從自便。」又：「當官推排……，次等戶充主首。」

里正，主首，輪流充任，周而復始。初以周歲，或半年一更，後又改季。

太平縣志卷之三「食貨志、役法、元役法」：「其初，以周歲，或半年一更，後又改季。」

大元國朝聖政典章「典章二十六、戶部十二、賦役、戶役、編排里正主首例」：「每都主首……，上下輪流，周而復始……。每年於一鄉內，自上戶，輪流當一鄉里正。」

社長，於社中，選年高純謹，通曉農事，有兼丁者充之。

大元國朝聖政典章「典章二十三、戶部九、農桑、立社」：「凡五十家，立為一社……。令衆推舉，年高，通曉農事，有兼丁者。」

大元通制條格卷第十六「田令」：「社長……詢舉深知農事，年高純謹之人。」設不足五十家，可與近村相併，或併三五村，為一社。若人稀不能併，及戶增至百者，均可另立一社，選立社長。

大元國朝聖政典章「典章二十三、戶部九、農桑、立社」：「如一村五十家以上，只為一社。增至百家者，另設社長一員。如不及五十家者，與附近村分，相併為一社。人稀不能相併者……，各村自為一社者。聽或三四村，或五村，併為一社，仍於酌中村內，選立社長。」

## 四、里正主首之職責。

里正，專主攉辦錢糧。

至順鎮江志卷二「鄉都」：「里正，攉辦錢糧。」

主首，則佐里正，攉辦錢糧差役。禁止違法，追會公事，供應雜事。

大元通制條格卷第十六「田令」：「諸村主首，使佐里正，攉督差役，禁止違法。」

至順鎮江志卷二「鄉都」：「主首，供應雜事。」

太平縣志卷之三「食貨志、役法、元役法」：「主首，專以催輸稅糧，追會公事。」

大元通制條格卷第十七「賦役、主首里正」：「里正主首，摧辦錢糧，應當雜泛差役。」

此外，里正，主首，尚須共負，站戶田地出售之保勘，孛蘭奚人口之收養。

大元國朝聖政典章「典章十九、戶部五、田宅、典賣、站戶典賣田土」：「當站田土典賣……，該社長，里正，主首，親隣，並原簽同甲站戶，從實保勘。」

大元國朝聖政典章「典章五十六、刑部十八、孛蘭奚、移易隱占孛蘭奚人口等事」：「凡有孛蘭奚人口頭疋，責付里正，主首收養……。」

並與社長，同負宣明政刑，嚴禁迎神賽社，印製偽鈔之舉報。

大元國朝聖政典章「典章三、聖政二、明政刑」：「妄造妖言，煽惑人衆……。仍令社長，里長，里正，主首……，常加體察，毋致愚民冒觸刑憲。」

大元國朝聖政典章「典章新集、刑部、禁聚衆、禁治集場祈賽等罪」：「鳴鑼擊鼓，迎神賽社，擬禁治……。禁治不嚴……，該社長，主首，隣佑人等，笞二十七下。」

大元國朝聖政典章「典章二十、戶部六、偽鈔隣首罪名」：「印造偽鈔，主首，社長，隣佑，知而不首者，比附買使偽造犯人，減一等。」

同時，各都承辦之差役，須縣核實，詳載三冊。一冊存本都，兩冊分呈，本路總管府，本道廉訪司。且不許退閑，司吏，鄉吏，秖候，外都潑皮，元籍之人，攬摸承充。其提調官吏，不得差人下鄉，生事勾擾。」

大元國朝聖政典章「典章二十六、戶部十二、賦役、戶役、編排里正主首例」：「本管州縣官司，更為查照無差……，置立印押簿籍。一本都收掌，一本於本州縣收掌，又一本……呈本道廉訪司……。亦不許退閑，司吏，鄉吏，祇候，外都潑皮，元籍之人，攬摸承充。其提調官吏，不得差人下鄉，生事勾擾，科取錢物。」

## 五、社長之功能

社長，專主勸農之事。

大元通制條格卷第十六「田令、立社巷長」：「大德七年十月……，令社長不管餘事，專一勸課農桑。照管社內之人，務勤本業。」

大元國朝聖政典章「典章二十三、戶部九、立社、勸農立社事理」：「官司并不得，將社長差占，別管餘事。專一教勸本社之人，務勤農桑，業不致惰廢。」

主辦，勸勤戒惰，補種晚田，瓜菜於地頭道邊。「大元通制條格四七二頁」。

每丁每年，植桑棗或榆柳雜樹二十株。「大元通制條格四七三頁」。

開渠灌溉，引水建水碾水磨。「大元通制條格四七四，四七五頁」。

近水之家，鑿池養鷄鴨鵝，種蓮，蒲，葦。「大元通制條格四七六頁。」

疾病之家，社衆各備糧飯，器具，為之代耕。「大元通制條格四七六頁」。
設立義倉，豐收儲糧，飢時濟衆。「大元通制條格四七九頁」。
力農增產，孝友之家，報請優恤。「大元通制條格四八〇頁」。
戒不務本業，游手好閑，兇惡，不孝，不悌之人。「大元通制條格四八一頁」。
設立學校，擇通曉詩書者為師，農隙時，令子弟入學。「大元通制條格四八一、四八二頁」。
荒坡大野，禁燒荒草，以備抑制蝻生。「大元通制條格四八二頁」。
遇災傷乏食，勸富者，周濟貧困。「大元通制條格四六一頁」。
社有爭訢，若不違法，理諭解免。「大元通制條格四六三頁」。
義夫，孝子，順孫，依例旌表。「大元國朝聖政典章，四七三頁，旌表孝義等事。」
禁學散樂詞話，動樂飲酒。「大元國朝聖政典章，七八〇頁、禁學樂詞傳。」
禁習槍棒。「大元國朝聖政典章，七八〇頁，禁治習學槍棒。」

## 四十四　元貞元年暹羅來貢誤

元史續編謂，成宗元貞元年，暹羅入貢，誤。

元史續編卷五：「成宗皇帝，元貞元年……十一月甲戌，太白經天。暹羅來貢，進金字表。」

蓋是年入貢者，為暹國，而非暹羅。

元史卷二百一十「暹」：「暹國，當成宗元貞元年，進金字表，欲朝廷遣使至其國。比其表至，已先遣使，蓋彼未之知也。賜來使素金符佩之，使急追詔，使同往……。」

且至正己丑，暹降於羅斛，國號暹羅斛。

島夷誌略「暹」：「自新門臺入港，外山崎嶇，內嶺深邃。土瘠不宜耕種，穀米歲仰給羅斛……。至正己丑夏五月，降於羅斛。」

明史卷三百二十四「外國五、暹羅」：「暹羅……即隋唐赤土國，後分為羅斛、暹二國。暹土瘠不宜稼，羅斛地平衍，種多獲，暹仰給焉。元時，暹常入貢。其後，羅斛強併有暹地，遂稱暹羅斛國。」

二十八年後，明洪武十年，封暹羅斛國王，為暹羅國王，其國遵朝命，始稱暹羅。

明史卷三百二十四「外國五、暹羅」：「洪武……十年，昭祿群膺，承其父命來朝。帝喜，命禮部員外郎王恒等，齎詔及印賜之，文曰暹羅國王之印，并賜世子衣幣，及道里費。自是，其國遵朝命，始稱暹羅。」

辭海「中外歷代大事年表」：「至正，己丑，九年，一三四九年。」「洪武，丁已，十年。一三七七年。」

皇清職貢圖所載，亦如之。

皇清職貢圖卷一「暹羅國」：「在占城西南，即隋唐赤土國，後分羅斛、暹二國，暹復為羅斛所并，明洪武時，封為暹羅國王。國朝尤恭順，國貢惟謹。」

# 四十五　蒙古族屬源流考

## 一、蒙古名稱之由來與變化

蒙古之名，始見於舊唐書之蒙兀。

舊唐書卷二百九十九下「北狄、室韋」：「室韋，我唐有九部焉。所謂嶺西室韋，山北室韋，黃頭室韋，大如者室韋，小如者室韋，婆萵室韋，訥北室韋，駱駝室韋……，蒙兀室韋……，落俎室韋……。」

按上陳，室韋當為十部，謂有九部，殊為不解，似統計之誤，有以致之。

唐書，稱蒙瓦。

唐書卷二百十九「北狄」：「室韋……分部，凡二十餘。曰嶺西部，山北部，黃頭部，彊部也。大如者部，小如者部，婆萵部，訥北部，駱丹部……，烏素固部……，移塞沒部……，塞曷支部……，和解部，烏羅護部，那禮部……，納北支部……，蒙瓦部……，落坦部……，南北部……。」

遼史，稱萌古。

遼史卷二十四「道宗四」：「十年……二月庚午朔，萌古國遣使來聘。」

契丹國志，稱蒙骨，蒙古里。

契丹國志卷二十二「控制諸國」：「沙漠府，控制沙漠之北。置西路都招討司，奧隗部族衛，驢駒河統軍司，倒撻嶺衙，鎮撫韃靼，蒙骨，迪烈諸軍。」

契丹國志卷二十二「四至鄰國地理遠近」：「正北，至蒙古里國。國無君長，所管亦無耕種，以弋獵為業……。」

大金國志，稱盲骨子，朦骨，萌骨。

大金國志卷十二「熙宗孝成皇帝四」，「皇統六年……，戈真萬戶湖沙虎，北攻盲骨子，糧盡而還，為盲骨子襲之。至上京之西北，大敗于海嶺……。」

大金國志卷二十二「東海郡侯上」：「大安三年……，又有朦骨國者，在女真之東北，唐謂之蒙兀部。金國謂之蒙兀，亦謂萌骨。人不火食，夜中能視……。」

松漠記聞，亦稱朦骨，盲骨子。

松漠記聞六頁：「盲骨子契丹事迹，謂之朦骨國，即唐書所謂蒙兀部。」

松漠記聞十二頁：「盲骨子，其人長七八尺，捕生麋鹿食之，金人嘗獲數輩至燕。

其目，能視數十里，秋毫皆見。」

三朝北盟會編，稱蒙國斯。

三朝北盟會編卷二百三十「炎興下帙、七頁」：「但有燕京，北至蒙國斯……。」

蒙韃備錄，稱蒙古斯。

蒙韃備錄「國號年號」：「舊有蒙古斯國，在金偽天會年，亦嘗擾金虜為患……。」

四庫全書之松漠紀聞，稱蒙果勒。

松漠紀聞：「蒙果勒，其人長七八央，捕生麋鹿食之。金人嘗獲數輩至燕，其目能視數十里，秋毫皆見。」

按此本，與其他版本相較，少「盲骨子契丹事迹，謂之朦骨國，即唐書所謂蒙兀部。」

元朝秘史，蒙兀兒史記，元史譯文證補，稱忙豁侖。

元朝秘史「新序」：「忙豁，為蒙古轉音。」

蒙兀兒史記卷第一「世紀」：「蒙古，本呼忙豁侖。」

元史譯文證補卷二十七下「西域古地考三，蒙古」：「忙豁二音，一斂一縱……，即蒙兀矣。」

長春真人西遊，黑韃事略，稱蒙古。嗣後，通稱蒙古。

長春真人西遊記：「成吉思皇帝，遣侍臣劉仲祿，縣虎頭金牌，其文曰，如朕親行，便宜行事，及蒙古人二十輩，傳旨敦請。」

黑韃事略：「黑韃之國，號大蒙古。」

蒙兀兒史記卷第一「世紀」：「今通作蒙古，始於李志常撰長春西遊記。」

元史譯文證補卷二十七下「西域古地考三，蒙古」：「嗣後，邱長春西遊記，孟珙蒙韃備錄，皆以蒙古定稱。」

遼金時蒙古考，稱萌古子。

遼金時蒙古考：「趙良嗣燕雲奉使錄，北盟會編卷九，引載，良嗣問金使烏歇等曰：「聞契丹舊酋，走入夏國，借得兵馬，過了黃河，奪了西京以西州縣，占了土地不少。不知來時，知子細否？副使對曰：聽得契丹舊酋在沙漠，已曾遣人馬追趕，終須捉得。兼沙漠之間，是韃靼、蒴古子地分，兩國君長，並已拜降了本國，卻走那裏去，國書中已載矣。」

商務，文海，大化，光緒四年刊本，舊抄本之三朝北盟會編，燕雲奉使錄，均稱蒴古子，誤。且商務刊本，用「主」，「今」，「裏」。其他刊本，用「酋」、「分」、「里」，餘皆悉同。

商務四庫全書，三朝北盟會編卷九「政宣上帙九」：「聞契丹舊主，走入夏國，借得人馬，過黃河，奪了西京以西州軍，占了土地不少。不知來時，知子細否？使副答云：來時聽得，契丹舊主在沙漠，已曾遣人馬追趕，次第終須捉得。兼沙漠之間，係是韃靼、蒯古子地，今此兩國君長，並已拜降了本國，待走那裏去，國書中已載矣。」

國家圖書館舊鈔本，三朝北盟會編卷第九「政宣上帙九」：「聞契丹舊酋，走入夏國……，已曾遣人馬追赶，次第終須捉得。兼沙漠之間，係是韃靼，蒯古子地分，此兩國君長，並已拜降了本國，待走那里去……。」

文海出版社，大化書局，光緒四年刊本之三朝北盟會編，四川大學出版社之燕雲奉使錄，內容與前鈔本悉同，茲不贅。

故國學大師，王國維氏，改「蒯古子」，為「萌古子」。蓋「蒯」與「萌」，音韻既不合，且有關之其他著作，並無「蒯古子」之紀載。

遼史卷三十六「兵衛志下、屬國軍」：「遼屬國可記者五十有九……，黃室韋，小黃室韋，大黃室韋……。」

遼史卷四十六「百官志二、北百屬國官、屬國職名總目」：「室韋國王府」等，大王府，國王府，八十五。「生女真部」等，六十一部。

元史譯文證補，稱蒙兀爾，蒙兀勒，蒙兀兒。

元史譯文證補卷一上「太祖本紀譯證上」：「自來突而屈各族，以及蒙兀爾，皆各有君長，不受一共主約束。」

元史譯文證補卷二十七下「西域古地考、蒙古」：「元時西域人拉施特而哀丁，奉敕修史，亦稱蒙兀勒……。至今波斯人，仍稱蒙古為蒙兀兒。」

元朝秘史原序，稱忙豁勒，波斯人稱為蒙兀里。

元朝秘史原序：「忙豁侖，即秘史蒙文，所謂忙豁勒……。波斯人，稱為蒙兀里。」

遼史，稱梅古，盟古。金史，稱盟骨。

元史譯文證補卷二十七下「西域古地考三，蒙古」：「遼史無蒙古，而有梅古。」

蒙兀兒史記卷第一「世紀第一」：「蒙兀……，本呼忙豁侖，異文作……盟古，遼史。盟骨，金史。」

以上蒙古之名，皆譯自蒙文。因譯名之用字不同，致有二十二種之異譯，然皆音同字異而已。

## 二、蒙古族屬之源流

舊唐書，唐書，蒙兀兒史記，均稱蒙古，出自室韋。

舊唐書卷一百九十九下「北狄、室韋」：「室韋者……，居猺越河北，其國在京師東北七千里。東至黑水靺鞨，西至突厥，南接契丹，北至于海……，有九部焉。

所謂嶺西室韋，山北室韋……，蒙兀室韋。」

唐書卷二百十九「北狄、室韋」：「分部凡二十餘，曰嶺北部……，蒙瓦部。」

蒙兀兒史記卷第一「世紀第一」：「蒙兀兒者，室韋之別種也，其先出於東胡。」

源于東胡。蓋室韋，契丹之別種。

舊唐書卷一百九十九下「北狄、室韋」、「室韋者，契丹之別類也。」

唐書卷二百十九「北狄、室韋」：「室韋，契丹別種。」

契丹，鮮卑之裔，與突厥不同種。

韃靼千年史卷七「契丹」：「契丹與奚，同出於鮮卑種，均起於鮮卑故地。」

唐書卷二百十九「北狄」：「契丹，本東胡種……。契丹太宗四年曰：契丹，突厥，不同種。」

鮮卑，東胡之支。

後漢書卷一百二十「鮮卑」：「鮮卑者，亦東湖之支也。別保鮮卑山，故因為號焉。」

魏書卷三十「烏桓，鮮卑、東夷……」：「鮮卑，魏書曰：亦東胡之餘，別保鮮卑山，因號焉。」

烏桓，本東胡也。

後漢書卷一百二十「烏桓」：「烏桓者，本東胡也。漢初，匈奴冒頓滅其國，餘類保烏桓山，因以為焉。」

東胡，居燕北，西與匈奴，有大漠千餘里，橫阻其間。二者，為兩種不同之民族。

史記卷一百十「匈奴列傳第五十」：「時東胡彊盛……，東胡王愈以驕，西侵與匈奴間，有棄地莫居千餘里，各居其邊為甌脫。」

韃靼千年史第二章「冒頓之御宇」：「是時，東胡強，稍亞於匈奴。大漠千里，亘於其中，以為天塹……。故匈奴：東胡，自有其大別。」

蒙韃備錄，黑韃事略，建炎雜記，明史，多桑蒙古史，均稱蒙古出自韃靼。

蒙韃備錄「立國」：「今成吉思皇帝，及將相大臣，皆黑韃靼也。」「國號年號」：「其權皇帝摩喉國王，每自稱曰：我韃靼人。」

黑韃事略：「黑韃之國，號大蒙古。」

建炎雜記乙集卷二十「韃靼欵塞、蒙國本末」：「蒙古……自紹興初始叛，都元帥宗弼，用兵連年卒不能討。但分兵據守其要害，乃反厚賂之……。至金主亮時……，韃靼乃號大蒙古國，其邊吏，因以蒙韃稱之……。大安三年春，韃靼王特默（按：帖木真）入貢，金主允濟，將襲之，事覺，其秋始叛。」

明史卷三百二十七「外國八、韃靼」：「韃靼，即蒙古。」

多桑蒙古史第一卷第一章「此時代之韃靼種民族、及其所居之域、其風俗」：「蒙古民族居地，在拜哈勒湖之南……。此種韃靼民族之容貌，與中國人尚相近。」

源于肅愼。盖韃靼，靺鞨之後。

建炎雜記乙集卷二十「韃靼欵塞、蒙國本末」：「韃靼之先，與女真同種，盖皆靺鞨之後也。其國，在元魏、齊、周之時，稱物吉，至隋，稱靺鞨也。」

隋書卷八十一「靺鞨」：「靺鞨，在高麗之北，邑落俱有酋長，不相總一，凡有七種，其一號粟末部……，其二曰伯咄部……，其三曰安車骨部……，其四曰佛涅部……，其五曰號室部……，其六曰黑水部……，其七曰白山部……，即古之肅愼氏也。」

靺鞨之先，稱勿吉。

北史卷九十四「勿吉」：「勿吉國，在高麗北，一曰靺鞨。邑落各自有長，不相總一……，即古肅愼國也。」

勿吉之先，稱挹婁。

魏書卷三十「挹婁」：「挹婁，在夫餘東北千餘里，濱大海，南與北沃沮接，未知其北所極……，古之肅愼氏之國也。」

肅愼，挹婁之先。

晉書卷九十七「四夷、肅慎」：「肅慎氏，一名挹婁，在不咸山北，去夫餘，可六十日行。東濱大海，西接寇漫汗國，北極弱水，其土界，廣袤數千界。」

新元史，稱蒙古出自突厥。

新元史卷一「序紀」：「蒙古之先，出於突厥。」

蒙韃備錄，稱蒙古出自沙陀。沙陀，突厥之別部。

蒙韃備錄「立國」：「韃靼始起，地處契丹之西北，族出沙陀別部。」

唐書卷二百十八「沙陀」：「沙陀，西突厥別部，處月種也。」

東胡民族考，庫鑾，謂蒙古出自東胡。

東胡民族考十八頁：「東胡之名，自春秋時代，以迄漢代，稱呼游牧於遼河上游之蒙古人之漢名。」

西域南海史地考證譯叢乙集「庫鑾」：「應該或者承認，蒙古人同東胡人，一直到九世紀的時候，皆是一種相同的種族。」

韃靼千年史，又言，蒙古出自突厥東胡，二者之一。

韃靼千年史卷七「契丹」：「更有突厥種之一小部落，其與東胡相近之點，較諸與契丹人，相近之點尤多。蒙古人之來源，大約不出於前一部族，即出於後一部族。」

總以上諸說，可概分為三類，即肅慎說，突厥說，東胡說三者。

## 三、蒙古族屬源流之管窺

### （一）蒙古非源自肅慎

肅慎之習俗，夏則巢居，冬則穴處，口開向上，以梯出入。有馬不乘，以為財富而已。無牛羊，車以步推。多養豬，食其肉，衣其皮。有麻布，夏則裸袒，以布作襜，徑尺餘，以蔽前後。冬則以豬脂塗身，厚數分，以御寒。偶耕，有五穀，多粟麥穄，菜有葵。無井竈，作瓦鬲以食。土無鹽鐵，燒木作灰，灌取汁而食之。夏日人死立埋，無棺殯之具。冢上作屋，不令雨濕。箭用石簇，施毒，禽獸中者立死。煮藥之氣，亦能死人。俗以人溺洗手面。

晉書卷九十七「肅慎氏」：「夏則巢居，冬則穴處……。有馬不乘，但以為財產而已。無牛羊，多畜豬，食其肉，衣其皮……。無井竈，作瓦鬲，受四五升以食……。土無鹽鐵，燒木作灰，灌取汁而食之。」

魏志卷三十「挹婁」：「有五穀，牛馬，麻布……。冬以豬膏塗身，厚數分，以御風寒。夏則裸袒，以尺布，隱其前後。」

北史卷九十四「勿吉」：「偶耕，多粟麥穄，菜則葵……。婚嫁，婦人服布裙，男子衣豬皮裘，頭插武豹尾。」

魏書卷一百「勿吉」：「俗以人溺，洗手面……。弓長三尺，箭長尺二，以石為鏃。其父母，春夏死，立埋。冢上作屋，不令雨濕……。常七八月，造毒藥，傅箭鏃，射禽獸，中者便死，煮毒藥氣，亦能殺人。」

舊唐書卷一百九十九下「靺鞨」：「死者，穿地埋之，以身襯土，無棺斂之具。」

隋書卷八十一「靺鞨」：「其俗，淫而妒。其妻外淫，人有告其夫者，夫輒殺妻。殺而後悔，必殺告者，由是，姦淫之事，終不發揚。」

然蒙古之習俗，居則穹廬，戶南開。逐水草，而畜牧馬牛羊駱駝。食則肉而不粒，以所獵之野獸與羊為主，次牛，非大宴不刑馬。大燎者十九，鼎烹者十二三。衣則氈毛革，冬着二裘，一毛向內，一毛向外。行則乘馬，架牛車。箭鏃骨製無毒，人死棺葬，不封不樹。

黑韃事略：「其居穹廬，無城壁棟宇，遷就水草無常……。其食，肉而不粒。獵而得者，曰兔，曰鹿，曰野彘，曰黃鼠，曰頑羊，曰黃羊，曰野馬，曰河源之魚。牧而庖者，以羊為常，牛次之，非大宴，不刑馬。火燎者十九，鼎烹者，十二三。臠而先食，然後食人……。其飲，馬乳，牛羊酪……。其服，右衽方領，以氈毳革……。箭鏃則以骨，無從得鐵……。其墓塚，以馬踐蹂，使如平地，」

元史卷七十七「祭祀六、國俗舊禮」：「凡宮車晏駕，棺用香楠木，中分為二，刳肖人形，其廣狹長短，僅足容身而已。」

多桑蒙古史第一卷第一章「其風俗」：「所居帳……，戶向南……其家畜，為駱駝牛羊山羊，尤多馬。」「骨作箭鏃」。

蒙韃備錄「風俗」：「其俗，多不洗手，而拏攫魚肉，手有脂膩，則拭於衣袍上。其衣至損，不解洗濯。」

元朝秘史四十頁：「帖木真兄弟每，隨即上馬，到不兒罕山上去了。豁阿黑臣名字的老婦人，欲將孛兒帖夫人要藏，教坐在黑車子裹，着個花牛駕車子，逆着騰格里小河行了。」

二者之習俗，無不大相逕庭，故蒙古非源于肅慎。

## 〈二〉蒙古非源自突厥

突厥之習俗，被髮左衽。帳東開，其坐長左北向。親死，繞帳七匝，以刀協剺面者七次。葬時，亦剺面如前儀。火葬，表木以為塋，立于室中，並畫其像，及一生戰鬥之狀。殺一人，立一石，以表功。官設二十八等，皆世為之。建金狼頭纛以示不忘本。先世傳說，為人狼所生。與匈奴，大抵同俗。

隋書卷八十四「北狄、突厥」：「突厥……其俗……。被髮左衽……。官有葉護，次設特勤，次俟利發，次吐屯發，至小官，凡二十八等，皆世為之……。死者，擇日置屍馬上而焚之，取灰而葬。表木以為塋，立屋其中。圖畫死者形儀，及其生時，所經戰鬥之狀。嘗殺一人，則一石，有至千百者……。大抵與匈奴同俗……。」

北史卷九十九「突厥、鐵勒」：「突厥者……，姓阿史那氏。後為鄰國所破，盡滅其族。有一兒，年且十歲，兵人見其小，不忍殺之，乃刖足斷其臂，棄草澤中。有牝狼，以肉餌之。及長，與狼交合，遂有孕焉。彼王聞此兒尚在，重遣殺之。使者見在狼側，并欲殺狼。於時若有神物，投狼於西海之東落，高昌國西北山。山有洞穴，穴內有平壤茂草，周迴數百里，四面俱山，狼匿其中，遂生十男。十男外託妻孕，後各為一姓。阿史那，即其一也，最賢，遂為君長，故牙門建狼頭纛，示不忘本也……。凡死者停屍於帳，子孫及親屬男女，各殺羊馬陳於帳前祭之。遶帳走馬七匝，詣帳門，以刀剺面且哭，血淚俱流，如此七度乃止……。葬日，親屬設祭，及走馬剺面，如初死之儀……。帳東開，蓋敬日之所出也。」

史記卷一百十「匈奴列傳第五十」：「匈奴……其俗……，單于朝出營，拜日之始生，夕拜月。其坐長左而北鄉……。」

且突厥與赤髮青眼之烏孫，為同種，故突厥亦當赤髮青眼。國史復謂：大宛以西諸國，人皆深眼，多髭鬚。又稱，自高昌以西國，人皆深目高鼻。烏孫大宛，均在高昌以西，且突厥與烏孫為同種。故突厥之體貌，當為赤髮，深目，綠瞳，高鼻，多髭鬚。今土耳其人，即古突厥人。

西域南海史地考證譯叢乙集「庫蠻」：「七世紀上半葉，一種中國史文說，是土耳其斯坦，青眼紅髮的人民的祖先的，這就是烏孫……。馬迦特以為烏孫，同後來的西突厥，或者應該是同種。」

史記卷一百二十三「大宛列傳第六十三」；「自大宛以西，至安息國……，其人皆深眼多鬚髯，善市賈。」

北史卷九十七「西域」：「于闐國，在且末西北……。自高昌以西，諸國人等，深目高鼻。唯此一國，貌不甚胡，頗類華夏。」

北史卷九十九「突厥，鐵勒」：「突厥……木杆可汗俟斤，一名燕都。狀貌奇異，面廣尺餘，其色赤甚，眼若琉璃。」

土耳其復興史第三四頁：「現在土耳其的稱呼，即突厥字音轉變而來……。在秦漢時代，為丁零，為月氏，為烏孫……。至於隋唐時代，則為突厥，聲勢大盛……。嗣後……分為東西二部……，回紇竟取而代之……。一部分不堪異族之壓迫者，則舉室西遷，達於中亞細亞，為現代土耳其所從起。」

然蒙古人之習俗，帳南開，右衽。中為尊，右次之，左為下。正月一日，必拜天，重五亦然，見新月必拜。人死，棺殮，不封不樹。建九斿白旗，設官甚簡。先世傳說為狼鹿所生。畏雷，衣尚白，數尚九。

蒙韃備錄「風俗」：「正月一日，必拜天，重午亦然。」「祭祀」：「聞雷聲，則恐懼不敢行師，曰天叫也。」

黑韃事略：「其冠被髮而椎髻……，其服右衽而方領……。其位置，以中為尊，右次之，左為下……。見新月必拜……，其墓無塚，以馬踐蹂使如平地。」

元史卷七十七「祭祀志，國俗舊禮」：「凡宮車晏駕，棺用香楠木，中分為二，刳肖人形，其廣狹長短，僅足容身而已。」

元史卷一「本紀、太祖」：「元年丙寅，帝大會諸王群臣，建九斿白旗，即皇帝位……。」

元史卷八十五「百官志、百志一」：「太祖起朔土……，俗淳厚，非有庶事之繁。惟以萬戶統軍族，斷事官治刑政，任用者，不過一二親貴重臣耳。」

元史卷九十八「兵志，兵一」：「國初典兵之官……，長萬夫者為萬戶，千夫者為千戶，百夫者為百戶。」

多桑蒙古史第一卷第一章「其風俗」：「所居帳……，戶向南。」

元朝秘史「成吉思合罕的根原從蒼狼白鹿到也速該巴阿禿死」：「當初元朝人祖，是天生一個蒼色的狼，與一個慘白色的鹿，相配了……，產了一個人，名字喚作巴塔赤罕。」

多桑蒙古史第一卷第二章「蒙古人之古代傳說」：「蒙古人為韃靼地域之其他民族所破滅，僅遺男女各二人，遁走一地，四面皆山……，其地肥沃。避難二人之後裔，名曰帖古思與乞顏者。後人繁盛，分為部落。因地限山中，懸崖屹立，不足以容，乃謀出山。先是其民，常採鐵礦於其中之一山。至是遂積多木，篝火礦穴，以七十韝煽火，鐵礦既熔，因闢一道。成吉思汗後裔之為蒙古君主者，紀念此事，每於除夕，召鐵工至內錘鐵，隆禮以謝天恩。」

馬哥孛羅遊記一六八、一七四頁：「皇帝的席，是比別人高好些。他坐在北邊，面朝南向……。在那天，皆必須穿白色禮服。他們這樣作，因為他們覺得，白衣服是最好的東西，并且是好的預兆。所以，在新年那天，他們全穿白衣……。他們的風俗……，獻上九倍九單位的禮物。例如這禮物是匹馬，九倍九匹馬，須要獻上來，那就是八十一匹了。」

至於其體貌，則眼褐，頰大，顴高，鼻平，唇厚，頭面圓，少鬚，肩寬，腰細，高不逾中人。

多桑蒙古史第一卷第一章「其風俗」：「此種韃靼民族之容貌，與中國人尚相近。然與大地其他民族，不難判別。眼褐色，斜向鼻。頰大顴高，鼻平唇厚。頭面圓，帶橄欖色。頤下少鬚，是其特徵……。今日其後裔……，尚復如此。身長，大致不逾中人。肩闊，腰細。」

二者之習俗，既互歧。而體貌，差異尤巨。故蒙古，非源自突厥。

此外，史稱蒙古之先世，身高七八尺。成吉思汗，帖木兒汗，亦身材魁武。

松漠記聞：「盲骨子，其人長七八尺，捕生麋鹿食之。」

蒙韃備錄「立國」：「韃主忒沒真者，其身魁偉，廣顙長鬚，人物雄壯。」

帖木兒帝國第二章「帖木兒——其先世——其性格」：「帖木兒，其實身軀高大，頭極大而有色。」

當因融有若干突厥人之血統。蓋突厥之先世，居於金山。隋唐之際，乘亂倔起。淹有契丹，室韋，高昌，烏孫之地。後雖分裂為東西突厥，然東突厥，仍留居原地。因長期受其統治，間有通婚，勢所必然。

隋書卷八十四「突厥」：「突厥之先，本平涼雜胡也。姓阿史那氏，後魏太武，滅沮渠氏。阿史那以五百家，奔茹茹，世居金山。」

舊唐書卷一百九十四上「突厥上」：「始畢可汗咄吉者，啟民可汗之子也。隋大業中嗣位，值天下大亂，中國人奔之者眾，其族強盛。東自契丹、室韋，西盡吐谷渾、高昌諸國，皆臣屬焉。控弦百餘萬，北狄之盛，未之有也。」

舊唐書卷一百九十四下「突厥下」：「西突厥，與北突厥同祖。初木杆與沙鉢略可汗有隙，因分為二。其國即烏孫之故地，東至突厥國，西至雷翥海，南至疏勒，北至瀚海。」

韃靼千年史卷七第一章「阿保機之建國」：「至於……突厥諸種，則多留於舊境，而未嘗遠徙。」

蒙古史略第一卷「一、十二世紀時之突厥蒙古部落」：「在貝加爾湖東岸住的，蔑兒乞部，此部是突厥種……。在貝加爾湖，斡兒寒河，同肯特山之南，一直到長城，則屬突厥種之克烈部……。還有一種與克烈同屬突厥，而與克烈相敵之乃蠻部落，住在斡兒寒河上流，與大金山之間。」

迨蒙古興盛，因得契丹，女直，漢人之婦女，而妻妾之，遂致身材變矮。

蒙韃備錄「立國」：「大抵韃人，身不甚高，最長不過五尺二三。」

大金國志卷之二十二「紀年」：「蒙人稱帝，既侵金國，得契丹漢兒婦女，而妻妾之。自是生子，全不類蒙人，又漸有火食。」

建炎雜記乙集卷二十「韃靼款塞，蒙國本末」：「蒙人既侵金國，得其漢兒婦女，而妻妾之。自是生子，不全類蒙人，而漸有火食。」

## 〈三〉蒙古源自東胡

東胡後人，烏桓之習俗如下。

後漢書卷一百二十「烏桓」：「烏桓者，東胡也……。俗善騎射，弋獵禽獸為事。隨水草放牧，居無常處。以穹廬為舍，東開向日。食肉飲酪，以毛毳為衣。貴少而賤老，怒則殺父兄，而終不害其母……。部大人有所召呼，則刻木為信，雖無文字，而部眾不敢違犯……。送牛馬羊畜，以為聘幣，。婿隨妻還家……，為妻家僕役一二年……。其俗，妻後母，報寡嫂……。計謀從用婦人……，貴兵死，殮死以棺……。敬鬼神，祠天地日月星辰山川。」

蒙古之習俗，除帳南向外，餘則與烏桓，即東湖之習俗悉同。

黑韃事略：「其居穹廬，無城壁棟宇，遷就水草無常……。其食，肉而不粒……。其飲，馬乳與牛羊酪……。其服，右衽方領，舊以氈毳革……。韃人無字書……，只用小木，長三四寸，刻之四角，且如差十馬，則刻十刻，大率只刻其數也……，即古木契也……。其從軍而死也，駝其屍以歸。否則，罄其資橐而瘞之……。」

蒙韃備錄「風俗」：「韃人賤老而喜壯……，正月一日，必拜天，重午亦然。」

紀錄彙編卷一百六十一「譯語」：「胡俗，婦喪夫，其家男子，即收為妻妾，父子兄弟不論也，惟不淫其生母。」

夷俗記卷上「帽衣」：「夫自持弓射獵外，一無所事事也。」

元朝秘史「成吉思合罕的根原、從蒼狼白鹿，到也速該巴阿禿死」：「我將女兒，與你兒子，你兒子留在這裏做女婿，兩家從了。也速該……就留下他一個從馬，做定禮，去了。」

元朝秘史「從帖木真幼時，到篾兒乞惕之難」：「一日，帖木真、合撒兒、別克帖兒、別勒古台四兄弟，同坐釣魚時，帖木真釣得一個金色魚兒。他異母弟，別克帖兒，別勒古台兩個，奪要了……。我昨前，射得個雀兒，也被他奪了。今遭釣得個魚，又被他奪了。似這般呵，一處怎生過……？那時，別克帖兒在小山上放馬坐著，帖木真自後隱著，合撒兒自前隱著，將箭抽著要射他時，被別克帖兒見了說……。休將我別勒古台棄了，說訖，盤腳坐著，等他的箭。帖木真兩兄弟，自前自後，將別克帖兒射死了。」（此為「怒則殺父兄」之實例）

夷俗記卷上「帽衣」：「人言，虜多受於媍。非其婦性獨悍，亦有所狹耳。凡衣冠履，一切巨細之事皆出其手。」

元朝秘史「從帖木真求救，到成吉思合罕即位之初」：「帖木真禁聲，立住落後，等他母親訶額侖來時，將札木合前頭的言語說了道：那言語我不曾省得，也不曾回他話，特來問母親。他母親未曾言語，孛兒帖說：札木合安答，人曾說他，好喜新厭舊有來。如今咱每行厭了也，恰纔的言語，莫不欲圖謀咱每的意思有？咱們休下，就夜兼行著，善分離了好。帖木真道：孛兒帖說的是，依著不曾下，連夜兼行……。」

元朝秘史「征伐金國」：「其後太祖征回回，為其殺使臣兀忽納等百人。臨行時，也遂夫人說：皇帝涉歷山川，遠去征戰，若一日倘有諱，四子內，命誰為主，可令眾人先知。太祖說：也遂說的是，這言語，兄弟兒子，并孛斡兒出等，皆不曾提說，我也忘了。於是問拙赤：我子內，你是最長的，說甚麼？」（此二者，可為「計謀從用婦人」之顯証。）

故蒙古源自東胡。

（此文原附錄于元代蒐奇錄，因與原書之體例不合，故移刊于此，謹加陳明。）

# 引用書目

1. 漢、司馬遷　史記　一三〇卷　商務印書館　文淵閣四庫全書
2. 漢、班固　前漢書　一二〇卷　商務印書館　文淵閣四庫全書
3. 漢、王逸　楚辭章句　一七卷　商務印書館　文淵閣四庫全書
4. 晉、郭璞　穆天子傳　六卷　商務印書館　文淵閣四庫全書
5. 晉、宗懍　荊楚歲時記　一卷　商務印書館　文淵閣四庫全書
6. 晉、郭璞　爾雅注疏　一一卷　商務印書館　文淵閣四庫全書
7. 晉、陳壽　三國志　六五卷　商務印書館　文淵閣四庫全書
8. 北齊、魏收　魏書　一四〇卷　商務印書館　文淵閣四庫全書
9. 北周、庾信　庾開府集　一〇卷　商務印書館　文淵閣四庫全書
10. 梁、蕭統　文選註　六〇卷　商務印書館　文淵閣四庫全書
11. 梁、沈約　宋書　一〇〇卷　商務印書館　文淵閣四庫全書

12. 宋、范蔚宗　後漢書　一二〇卷　商務印書館　文淵閣四庫全書
13. 宋、釋法顯　佛國記　一卷　商務印書館　文淵閣四庫全書
14. 唐、房　喬　晉書　一三〇卷　商務印書館　文淵閣四庫全書
15. 唐、魏　徵　隋書　八五卷　商務印書館　文淵閣四庫全書
16. 唐、李延壽　北史　一〇〇卷　商務印書館　文淵閣四庫全書
17. 唐、段成式　酉陽雜俎　二〇卷　續集一〇卷　商務印書館　文淵閣四庫全書
18. 唐、李商隱　李義山詩集　三卷　商務印書館　文淵閣四庫全書
19. 唐、白居易　白香山詩集　四〇卷　商務印書館　文淵閣四庫全書
20. 唐、劉禹錫　劉賓客文集　三〇卷　外集一〇卷　商務印書館　文淵閣四庫全書
21. 唐、釋貫休　禪月集　二五卷　補逸一卷　商務印書館　文淵閣四庫全書
22. 唐、鄭　谷　雲臺編　三卷　商務印書館　文淵閣四庫全書
23. 唐、吳　融　唐英歌詩　三卷　商務印書館　文淵閣四庫全書
24. 唐、姚思廉　梁書　五六卷　商務印書館　文淵閣四庫全書
25. 唐、段公路　北戶錄　三卷　商務印書館　文淵閣四庫全書
26. 唐、李延壽　南史　八〇卷　商務印書館　文淵閣四庫全書
27. 唐、張　籍　張司業集　八卷　商務印書館　文淵閣四庫全書

28.宋、李心傳　建炎以來朝野雜記　四〇卷　商務印書館　文淵閣四庫全書
29.宋、魏仲舉　五百家注昌黎文集　四〇卷　商務印書館　文淵閣四庫全書
30.宋、盧祖皐　蒲江詞　一卷　商務印書館　文淵閣四庫全書
31.宋、鄭　獬　鄖溪集　二八卷　商務印書館　文淵閣四庫全書
32.宋、吳文英　夢窻稿　四卷　商務印書館　文淵閣四庫全書
33.宋、柳　永　樂章集　一卷　商務印書館　文淵閣四庫全書
34.宋、孟元老　東京夢華錄　一〇卷　商務印書館　文淵閣四庫全書
35.宋、陸　游　劍南詩稿　八五卷　商務印書館　文淵閣四庫全書
36.宋、范大成　石湖詩集　三四卷　商務印書館　文淵閣四庫全書
37.宋、程大昌　繁演露　一六卷　續六卷　商務印書館　文淵閣四庫全書
38.宋、路　振　乘軺錄　一卷　廣文書局　契丹交通史料七種
39.宋、胡　嶠　陷虜記　一卷　廣文書局　契丹交通史料七種
40.宋、徐　霆　黑韃事略　一卷　正中書局　蒙古史料四種
41.宋、孟　珙　蒙韃備錄　一卷　正中書局　蒙古史料四種
42.宋、葉隆禮　契丹國志　二八卷　商務印書館　文淵閣四庫全書
43.宋、宇文懋　大金國志　四〇卷　商務印書館　文淵閣四庫全書

44. 宋、徐夢華　三朝北盟會編　二五〇卷　商務印書館　文淵閣四庫全書
45. 宋、歐陽修　新唐書　二五五卷　商務印書館　文淵閣四庫全書
46. 宋、黃庭堅　山谷詞　一卷　商務印書館　文淵閣四庫全書
47. 宋、周　密　癸辛雜識　六卷　商務印書館　文淵閣四庫全書
48. 宋、洪　皓　松漠紀聞　一卷　續一卷　商務印書館　文淵閣四庫全書
49. 宋、范大成　桂海虞衡志　一卷　商務印書館　文淵閣四庫全書
50. 宋、陳　著　本堂集　九四卷　商務印書館　文淵閣四庫全書
51. 宋、辛棄疾　稼軒集　四卷　商務印書館　文淵閣四庫全書
52. 宋、范仲淹　范文正集　二〇卷　商務印書館　文淵閣四庫全書
53. 宋、歐陽修　文忠集　一五三卷　商務印書館　文淵閣四庫全書
54. 宋、蘇　轍　欒城集　五〇卷　商務印書館　文淵閣四庫全書
55. 宋、史達祖　梅溪詞　一卷　商務印書館　文淵閣四庫全書
56. 宋、魏　野　東觀集　一〇卷　商務印書館　文淵閣四庫全書
57. 宋、龔明之　中吳紀聞　六卷　商務印書館　文淵閣四庫全書
58. 宋、蘇　軾　施注蘇詩　四二卷　商務印書館　文淵閣四庫全書
59. 宋、莊季裕　鷄肋篇　三卷　商務印書館　文淵閣四庫全書

60.宋、郭知達　九家集注杜詩　三六卷　商務印書館　文淵閣四庫全書
61.宋、汪元量　湖山類稿　五卷　水雲集　一卷　商務印書館　文淵閣四庫全書
62.宋、陳耆卿　嘉定赤城志　四〇卷　商務印書館　文淵閣四庫全書
63.宋、羅　濬　寶慶四明志　二一卷　商務印書館　文淵閣四庫全書
64.金、趙秉文　滏水集　二〇卷　商務印書館　文淵閣四庫全書
65.金、李俊民　莊靖集　一〇卷　商務印書館　文淵閣四庫全書
66.金、王　寂　拙軒集　六卷　商務印書館　文淵閣四庫全書
67.元、耶律楚材　湛然居士集　十四卷　商務印書館　文淵閣四庫全書
68.元、楊允孚　欒京雜咏　一卷　商務印書館　文淵閣四庫全書
69.元、托克托　遼史　一一六卷　新文豐出版公司
70.元、托克托　金史　一三五卷　新文豐出版公司
71.元、李志常　長春真人西遊記　二卷　正中書局　蒙古史料四種
72.元　郝　經　陵川集　三九卷　商務印書館　文淵閣四庫全書
73.元、周伯琦　扈從集　一卷　商務印書館　文淵閣四庫全書
74.元、納延　金臺集　二卷　商務印書館　文淵閣四庫全書
75.元、黃　溍　文獻集　一〇卷　商務印書館　文淵閣四庫全書

76. 元、周伯琦　近光集　三卷　商務印書館　文淵閣四庫全書
77. 元、張宏範　淮海集　一卷　詩餘一卷　商務印書館　文淵閣四庫全書
78. 元、馬祖常　石田文集　一五卷　附錄一卷　商務印書館　文淵閣四庫全書
79. 元、楊維禎　鐵崖古樂府　十卷　樂府補六卷　商務印書館　文淵閣四庫全書
80. 元、張　昱　可閒老人集　四卷　商務印書館　文淵閣四庫全書
81. 元、薩都剌　雁門集　三卷　外一卷　商務印書館　文淵閣四庫全書
82. 元、張之翰　西巖集　二〇卷　商務印書館　文淵閣四庫全書
83. 元、托克托　宋史　四九六卷　商務印書館　文淵閣四庫全書
84. 元、白　樸　天籟集　二卷　商務印書館　文淵閣四庫全書
85. 元、胡祇遹　紫山大全集　二六卷　商務印書館　文淵閣四庫全書
86. 元、許有壬　圭塘小稾　一三卷　別集二卷　續集一卷　商務印書館　文淵閣四庫全書
87. 元、許有壬　至正集　八一卷　商務印書館　文淵閣四庫全書
88. 元、郭　鈺　靜思集　一〇卷　商務印書館　文淵閣四庫全書
89. 元、忽思慧　飲膳正要　三卷　商務印書館　文淵閣四庫全書
90. 元、袁　桷　清容居士集　五〇卷　商務印書館　文淵閣四庫全書
91. 元、耶律鑄　雙溪醉隱集　六卷　商務印書館　文淵閣四庫全書

92. 元、白　珽　湛淵集　一卷　商務印書館　文淵閣四庫全書
93. 元、柳　貫　待制集　二〇卷　附錄一卷　商務印書館　文淵閣四庫全書
94. 元、貢師泰　玩齋集　一〇卷　拾遺一卷　附錄一卷　商務印書館　文淵閣四庫全書
95. 元、張　翥　蛻菴集　五卷　商務印書館　文淵閣四庫全書
96. 元、王　惲　秋澗集　一〇〇卷　商務印書館　文淵閣四庫全書
97. 元、陳　孚　陳剛中詩集　三卷　附錄一卷　商務印書館　文淵閣四庫全書
98. 元、張養浩　歸田類稿　二二卷　商務印書館　文淵閣四庫全書
99. 元、楊維禎　復古詩集　六卷　商務印書館　文淵閣四庫全書
100. 元、劉　因　靜修集　二五卷　續集三卷　商務印書館　文淵閣四庫全書
101. 元、姚　燧　收菴集　三六卷　商務印書館　文淵閣四庫全書
102. 元、袁　易　靜春堂集　四卷　商務印書館　文淵閣四庫全書
103. 元、黃　玠　弁山小隱吟錄　二卷　商務印書館　文淵閣四庫全書
104. 元、蘇天爵　元朝元臣事略　一五卷　商務印書館　文淵閣四庫全書
105. 元、蘇天爵　元文類　七〇卷　商務印書館　文淵閣四庫全書
106. 元、陳　旅　安雅堂集　一三卷　商務印書館　文淵閣四庫全書
107. 元、汪大淵　島夷誌略　一卷　商務印書館　文淵閣四庫全書

108.元、王實甫　西廂記　一冊　里仁書局
109.元、張　鉉　至大金陵志　一五卷　商務印書館　文淵閣四庫全書
110.元、徐　碩　至元嘉禾志　三二卷　商務印書館　文淵閣四庫全書
111.元、袁　桷　延祐四明志　二〇卷　商務印書館　文淵閣四庫全書
112.元、脫　音　至順鎮江志　二一卷　商務印書館　文淵閣四庫全書
113.元、馮福京　大德昌國州圖志　七卷　商務印書館　文淵閣四庫全書
114.明、宋　濂　元史　二一〇卷　新文豐出版公司
115.明、李時珍　本草綱目　五二卷　商務印書館　文淵閣四庫全書
116.明、高　啟　大全集　一八卷　商務印書館　文淵閣四庫全書
117.明、胡粹中　元史續編　一六卷　商務印書館　文淵閣四庫全書
118.明、王　達　椒宮舊事　一卷　新興書局　廣百川學海
119.明、祝允明　懷星堂集　三〇卷　商務印書館　文淵閣四庫全書
120.明、楊　慎　升菴集　八一卷　商務印書館　文淵閣四庫全書
121.明、顧　清　東江家藏集　一二卷　商務印書館　文淵閣四庫全書
122.明、毛　晉　二家宮詞　二卷　商務印書館　文淵閣四庫全書
123.明、毛　晉　三家宮詞　三卷　商務印書館　文淵閣四庫全書

124.明、陶宗儀 輟耕錄 三〇卷 商務印書館 文淵閣四庫全書
125.明、楊 榮 北征記 一卷 新興書局 廣百川學海乙集
126.明、金幼孜 北征錄 一卷 新興書局 廣百川學海乙集
127.明、蕭大亨 夷俗記 上下卷 新興書局 廣百川學海乙集
128.明、徐禎卿 翦勝野聞 一冊 藝文印書館 百部叢書集成
129.明、顧祖禹 讀史方輿紀要 一三〇卷 洪氏出版社
130.明、楊 賓 柳邊紀略 一冊 藝文印書館 百部叢書集成
131.明、楊 榮 楊文敏集 二五卷 商務印書館 文淵閣四庫全書
132.明、李 賢 明一統志 九〇卷 商務印書館 文淵閣四庫全書
133.明、葉子奇 草木子 四卷 商務印書館 文淵閣四庫全書
134.明、王 禕 王忠文集 二四卷 商務印書館 文淵閣四庫全書
135.明、曾方漢 太平縣志 八卷 天一閣明代方志選刊
136.明、徐用檢 蘭溪縣志 七卷 成文出版社 中國方志叢書
137.明、孫世材 宣府鎮志 四二卷 成文出版社 中國方志叢書
138.明、烏絲攔抄 大元通制條格 一冊 文海出版社 僅存二至九卷 十三至二十二卷 二十七至三十卷

139. 明、佚　名　南村輟耕錄　一冊　商務印書館　人人文庫
140. 明、徐　渭　四聲猿　一冊　華正書局
141. 明、笑笑生　金瓶梅　一冊　三民書局
142. 明、鎦　績　霏雪錄　二卷　商務印書館　文淵閣四庫全書
143. 清、吳任臣　十國春秋　一一四卷　商務印書館　文淵閣四庫全書
144. 清、李　衛　畿輔通志　一二〇卷　商務印書館　文淵閣四庫全書
145. 清、勅　撰　大清一統志　四二八卷　商務印書館　文淵閣四庫全書
146. 清、岳　濬　山東通志　三六卷　商務印書館　文淵閣四庫全書
147. 清、董豐垣　識小編　二卷　商務印書館　文淵閣四庫全書
148. 清、姚之駰　元明事類鈔　四〇卷　商務印書館　文淵閣四庫全書
149. 清、張廷玉　明史　三三六卷　商務印書館　文淵閣四庫全書
150. 清、敕　撰　全唐詩　九〇〇卷　商務印書館　文淵閣四庫全書
151. 清、顧嗣立　元詩選　初集　二集　三集　商務印書館　文淵閣四庫全書
152. 清、張豫章　宋金元明四朝詩　二〇〇卷　商務印書館　文淵閣四庫全書
153. 清、御　定　月令輯要　一〇卷　商務印書館　文淵閣四庫全書
154. 清、汪　灝　佩文齋廣群芳譜　一〇〇卷　商務印書館　文淵閣四庫全書

155. 清、鄂尔泰 雲南通志 三〇卷 商務印書館 文淵閣四庫全書
156. 清、胡世安 異魚圖贊箋 四卷 商務印書館 文淵閣四庫全書
157. 清、孫承澤 元朝典故編年 一二卷 商務印書館 文淵閣四庫全書
158. 清、欽 定 元史國語解 二四卷 商務印書館 文淵閣四庫全書 欽定遼金元三史國語解 四六卷
159. 清、蔣廷錫 古今圖書集成 一萬卷 鼎文書局
160. 清、程石鄰 鵪鶉譜 一卷 昭代叢書別集
161. 清、潘榮陛 帝京歲時紀勝 一冊 筆記小說大全
162. 清、徐 珂 清稗類鈔 一二冊 商務印書館
163. 清、孫可菴 清真教考 一冊 廣文書局
164. 清、魏 源 元史新編 九五卷 文海出版社 元明史料叢書
165. 清、洪 鈞 元史譯文證補 三〇卷 鼎文書局 新本元史并附錄
166. 清、毛永柏 青州府志 六四卷 學生書店 山東方志之一
167. 清、陳金花 益都縣志 一五卷 成文出版社 中國方志叢書
168. 清、慶 霖 太平縣志 一八卷 成文出版社 中國方志叢書
169. 清、張 許 蘭谿縣志 二〇卷 成文出版社 中國方志叢書

170. 清、陳延恩　江陰縣志　三二卷　成文出版社　中國方志叢書
171. 清、長白椿園氏　新疆輿圖風土考　五卷　成文出版社　中國方志叢書
172. 清、蒲松齡　聊齋誌異　一冊　香港中華書局
173. 清、西周生　醒世姻嫁　一冊　文源書局
174. 清、保　忠　重修平度州志　二七卷　鳳凰出版社　中國地方集成
175. 清、胡會思、清芬堂存稿　八卷　詩餘一卷　莊嚴文化事業公司　四庫全書存目叢書
176. 清、王者輔　宣化府志　四三卷　成文出版社　中國方志叢書
177. 清、項維貞　燕臺筆錄　一卷　藝文印書館　百部叢書集成
178. 清、金志節　口北三廳志　一七卷　成文出版社　中國方志叢書
179. 清、屠　寄　蒙兀兒史記　一四六卷　鼎文書局
180. 民、柯劭忞　新元史　二五七卷　開明書局
181. 民、柳克述　土耳其復興史　一冊　商務印書館
182. 民、馮承鈞譯　西域南海史地考注譯叢乙集　一冊　商務印書館　人人文庫
183. 民、張星烺譯　馬哥孛羅遊記　一冊　商務印書館　人人文庫
184. 民、馮承鈞譯　多桑蒙古史　上下冊　商務印書館　大學叢書
185. 民、陳彬龢譯　元朝秘史　一冊　商務印書館　人人文庫

186. 民、馮承鈞譯　蒙古史略　一冊　商務印書館　人人文庫
187. 民、馮承鈞譯　帖木兒帝國　一冊　商務印書館　人人文庫
188. 民、王國維　遼金時蒙古考　一卷　正中書局　蒙古史料四種
189. 民、黃淵靜譯　韃靼千年史　一冊　商務印書館　人人文庫
190. 民、陳繼淹　張北縣志　九卷　成文出版社　中國方志叢書
191. 民、札奇斯欽譯　蒙古與俄羅斯　上下冊　中華文化事業委員會　現代國民基本知識叢書
192. 民、王國維　觀堂集林　二三卷　河洛圖書出版社
193. 民、黃中憲譯　成吉思汗　一冊　時報文化出版社
194. 民、黃煜文譯　成吉思汗　一冊　麥田出版社
195. 民、隋樹森　金元散曲　二冊　漢京文化事業公司
196. 民、馮承鈞校注　諸蕃志　一冊　商務印書館　人人文庫
197. 民、馮承鈞校注　星槎勝覽　一冊　商務印書館　人人文庫
198. 民、馮承鈞校注　瀛涯勝覽　一冊　商務印書館　人人文庫
199. 民、方壯猷譯　東胡民族考　一冊　商務印書館　中華教育文化基金董事會編譯委員會編譯

200. 民、袁定安　猶太教概論　一冊　商務印書館
201. 晉、張　華　博物志　十卷　商務印書館　文淵閣四庫全書
202. 唐、玄奘　大唐西域志　十二卷　商務印書館　文淵閣四庫全書
203. 唐、李　翱　卓異志　一卷　商務印書館　文淵閣四庫全書
204. 五代晉、劉　昫　唐書　即舊唐書　二〇〇卷　商務印書館　文淵閣四庫全書
205. 宋、李心傳　建炎雜記　即建炎以來朝野雜記　四〇卷　甲集　二〇卷　乙集
二〇卷　商務印書館　文淵閣四庫全書
206. 宋、薛居正　舊五代史　一五〇卷　商務印書館　文淵閣四庫全書
207. 宋、趙良嗣　燕雲奉使錄　一冊　四川大學出版社
208. 元、楊　瑀　山居新話　四卷　商務印書館　文淵閣四庫全書
209. 元、楊　奐　還山遺稿　二卷　商務印書館　文淵閣四庫全書
210. 元、熊夢祥　析津志輯佚　一冊　北京圖書館善本室印
211. 元、大元國朝聖政典章　六〇卷　附新典章二冊　文海出版社
212. 明、王　圻　續文獻通考　二五四卷　商務印書館　文淵閣四庫全書
213. 明、張　燮　東西洋考　一二卷　商務印書館　文淵閣四庫全書
214. 明、葉苔山等　歷代宮詞　四卷　廣文書局

215. 明、陳繼儒　偃曝談餘　二卷　廣文書局
216. 明、張　岱　夜航船　二〇卷　中華書局
217. 明、蔣之翹　天啟宮詞　一卷　廣陵書社　學海類編
218. 大陸、譚新紅編　歐陽修詞全集　一冊　崇文書局
219. 民、陸文海　一代天驕成吉思汗　一冊　遠流出版社

# 附錄：作者著作目錄

## 壹、論　文

1. 論蒙古的軍事制度及其特色　戰鬥月刊　六卷五期　四七・五
2. 蒙古的謀略戰對俄羅斯之影響　軍事雜誌　八十六期　四八・四
3. 元太祖班朱尼河誓眾考略　大陸雜誌　十九卷十二期　四八・一二
4. 李文田元秘史註之探討　反攻月刊　二三一期　五十・六
5. 新元史蠡測　大陸雜誌　二十二卷十一、十二期　五十・六
6. 元代玄教考略　政治學術季刊　一卷一、二期　五十・一二
7. 東平嚴實幕府人物與興學初考　大陸雜誌　二十三卷十二期　五十・一二
8. 詩歌中之晚元國情　中華青年　三卷二期　五一・六
9. 十三世紀蒙古習俗與塞北部族習俗之比較　中國內政　三十二卷五期　五一・六
10. 新元史蠡測之二　政治學術季刊　一卷三、四期　五一・九
11. 試擬元史張易傳　大陸雜誌　二十五卷七期　五一・十

12. 說元代史治　中國內政　二十四卷五、六期　五一・一一
13. 元代的行省制度　中國內政　二十五卷四、五期　五二・五
14. 元代的站赤　中國邊政　創刊號　五二・六
15. 元初河漕轉變之研究　大陸雜誌　二十七卷四期　五二・八
16. 元代歲幸上都記要　中國邊政　二、三期　五二・一二
17. 元代兩京間驛道之考釋　政治學術季刊　三卷一期　五三・一
18. 劉秉忠行事編年　大陸雜誌　二十八卷十二期　五三・六
19. 元代　城董氏評述　中國邊政　四、五、六期　五四・三
20. 金元之際江北人民之生活　大陸雜誌　三十卷五期　五四・三
21. 元代的國子學　中國內政　三十卷一、二期　五四・七
22. 元代衛輝地位之研究　中國邊政　十三、十四期　五五・九
23. 元代法律之特色　法律評論　三十二卷十一、十二期　五五・一二
24. 劉秉忠論略　大陸雜誌　三十三卷十一、十二期　五五・一二
25. 元代斡脫官錢與羊羔兒利　反攻月刊　二九八期　五六・一
26. 成吉思汗大雅薩法典與中原地區關係之蠡測　中國邊政　十七期　五六・三
27. 十三世紀蒙古飲酒之習俗儀禮及其有關問題　大陸雜誌　三十四卷五期　五六・三

28. 元王惲驛赴上都行程校註　大陸雜誌　三十四卷十二期　五六・六
29. 元代之畏吾兒　反攻月刊　三〇七期　五六・十
30. 元史劄記　大陸雜誌　三十五卷十二期　五六・一二
31. 十三世紀蒙古戰士之戰技　反攻月刊　三一七期　五七・三
32. 十三世紀蒙古馬之訓練及其對蒙古帝國的影響　中國邊政　二十三期　五七・十
33. 十三世紀蒙古人之婚姻制度及其有關問題　大陸雜誌　三十七卷十期　五七・一一
34. 元代蒙人之喪葬制度　中國邊政　二十四期　五七・一二
35. 十三世紀蒙古戰士之裝備　大陸雜誌　三十八卷一期　五八・一
36. 十三世紀蒙古之屯住與遷徙　反攻月刊　三二四期　五八・三
37. 略論秋澗大全集對元代道教研究之價值——元王惲年譜之一　中國邊政　三十三期　六十・三
38. 論秋澗大全集所顯示之元代政治與社會——元王惲年譜之二　反攻月刊　三四八期　六十・三
39. 元許魯齋之風範評述　國立編譯館館刊　創刊號　六十・十
40. 元代真大道教考　大陸雜誌　四十三卷四期　六十・十
41. 論元代玄教勃興之因素——元代玄教考之一　智慧　四卷三期　六一・四

42. 試補宋元學案之靜修學案——元劉靜修年譜之一　國立編譯館館刊　一卷三期　六一・六
43. 元太祖生卒年代與壽期考　智慧　四卷十一期　六一・八
44. 元劉靜修學養詩文與人品風節評述——元劉靜修年譜之二　國立編譯館館刊　一卷四期　六一・一二
45. 元代海運考釋　東方雜誌　復刊六卷十二期　六二・六
46. 元代玄教道侶交遊唱和考——元代玄教考之二　中華文化復興月刊　六卷十一期　六二・一一
47. 元代玄教宮觀教區考——元代玄教考之三　中華文化復興月刊　七卷一期　六三・一
48. 元名儒劉靜修行事編年——元劉靜修年譜之三　國立編譯館館刊　二卷四期　六三・三
49. 元代玄教弟子法孫考——元代玄教考之四　中華文化復興月刊　七卷四期　六三・四
50. 元吳草盧學養詩文造詣考——元吳草盧評傳之一　國立編譯館館刊　四卷二期　六四・一二
51. 從元朝祕史論成吉思汗及蒙人之道德觀念　中國邊政　六十三期　六七・九
52. 元代定鼎中原後帝王之遊獵生活　國立編譯館館刊　七卷二期　六七・一二
53. 十三世紀蒙古之婦女地位　中華婦女　二十九卷五、六期　六八・三
54. 程雪樓之學養詩文及其政教思想　中國邊政　七十三期　七十・三
55. 程雪樓在元代之貢獻　中國邊政　七十五期　七十・九

56. 程雪樓行事編年　國立編譯館館刊　十卷二期　七十・一二
57. 藏胞為炎黃子孫西藏為中國領土　中國邊政　八十期　七一・一二
58. 從卡若遺址之發現論西藏永為中國領土　中國邊政　叢刊之四　七二・三
59. 雜談有關元史五事　東方雜誌　復刊十八卷一期　七三・七
60. 十三世紀蒙人之「驅口」——奴隸與俘虜　中國邊政　八十九期　七四・三
61. 從元朝祕史論十三世紀蒙人之軍事思想　中國邊政　九十期　七四・六
62. 有關元史四事述要　中國邊政　九十四期　七四・九
63. 有關元史箚記四則　東方雜誌　復刊十九卷三期　七四・九
64. 十三世紀蒙人之宗教信仰及其有關問題　中華文化復興月刊　十八卷十一期　七四・一一
65. 十三世紀蒙古大軍轉戰萬里所向克捷之三大特色　中國邊政　九十二期　七四・一二
66. 從元朝祕史論十三世紀蒙人之文學　中國邊政　九十三期　七五・三
67. 十三世紀蒙人之政治特色　東方雜誌　復刊二十卷二期　七六・五
68. 十三世紀蒙人之世官制度　東方雜誌　復刊二十卷十一期　七五・八
69. 元代西方文物東傳中原初考　中國邊政　九十九期　七六・九
70. 元代蒙人之娛樂　中華文化復興月刊　二十卷十期　七六・十
71. 十三世紀蒙人之戰術戰略　中正學刊　九期　七六・十

72. 十三世紀西方文物東傳蒙古初考　東方雜誌　復刊二十卷六期　七六・一二
73. 元代蒙古汗（帝）位繼承制度之演變及其流弊　中國邊政　一〇二期　七七・六
74. 從元詩中論蒙人節慶之漢化　東方雜誌　復刊二十二卷五期　七七・一一
75. 十三世紀蒙人之貿易政策　中國邊政　一〇四期　七七・一二
76. 元代蒙人生活之轉變　東方雜誌　復刊二十二卷八期　七八・二
77. 元代和林之風貌　中國邊政　一〇五期　七八・三
78. 十三世紀蒙人之祭祀及其有關問題　中國邊政　一〇六期　七八・六
79. 十三世紀蒙人之教育　東方雜誌　復刊二十二卷十二期　七八・六
80. 元代宮廷大宴考　東方雜誌　復刊二十三卷三期　七八・九
81. 靜修先生文集詩箋　中國邊政　一〇七期　七八・九
82. 有關元史八事記要　東方雜誌　復刊二十三卷十一期　七九・五
83. 元代蒙人之衣著髮式　中國邊政　一一一期　七九・九
84. 從元詩論元代宮廷之飲食　中國邊政　一一二期　七九・一二
85. 元代官制之特色　中國邊政　一一四期　八十・六
86. 元代蒙古人漢化考　中原文獻三八卷四期　三九卷一期九五・十　九六・一
87. 元詩中之大都風情

88. 試補「欽定日下舊聞考」之元宮室考
89. 「安南即事」考釋
90. 陳孚驛赴安南行程考釋
91. 論元秘史在語言學中之價值
92. 元代之泉州

## 貳、論　著

1. 蒙古戰史　大眾出版社　四八・一　一〇三頁
2. 元許魯齋評述　商務印書館　六一・九　一六六頁　五十九年承國家科學會補助完成
3. 元太保藏春散人劉秉忠評述　商務印書館　六三・二　二〇二頁　六十一年承國家科學會補助完成
4. 元史研究論集　商務印書館　六三・九　三八三頁　九五・九，再版
5. 元吳草廬評傳　文史哲出版社　二一六頁　六十二年承國家科學會補助完成
6. 元史論叢　聯經事業出版公司　六七・九　三〇九頁　七五・一，再版　五十七・六十年承國家科學會補助完成
7. 程雪樓評傳　新文豐出版公司　六八・七　一一九頁　六十三年承國家科學會補助完成

8. 王秋澗年譜　待出版　五十八年承國家科學會補助完成
9. 元代蒙古文化論集　商務印書館　九三・五　二八五頁
10. 元代蒙古文化論叢　元史哲出版社　九三、七　三〇九頁
11. 元史探微　文史哲出版社　九八、四、初版　一〇四・九，三增訂一刷　五三三頁
12. 補文淵閣四庫全書之元人別集　文史哲出版社　一〇〇・三，增訂一刷　五一四頁
13. 元史鉤沈　文史哲出版社　一〇二・九　六九七頁
14. 元代蒐奇錄　文史哲出版社　一〇五・九　三六一頁
15. 文淵閣四庫全書元人別集補遺續　文史哲出版社　一〇五・十，初版　二四五頁
16. 元代舉微探隱集　文史哲出版社　一〇九年　二七八頁

# 參加第四次蒙古學國際學術會議紀要

袁冀（國藩）

八月十五日，筆者有幸應邀，至呼和浩特市之內蒙古大學，參加為期四天之四次蒙古學，國際學術討論會，與會之中外學者，二百八十餘位。分別來自日本、韓國、外蒙古、俄國、烏克蘭、芬蘭、土耳其、波蘭、匈牙利、德國、英國等十三個國家。大會分蒙古語文、蒙古文學、蒙古歷史，與綜合四組討論，並發表論文二百三十餘篇。

元代宮廷大宴之情形，資料頗為缺乏。然元人文翰之吟詠中，卻保存殊多珍貴之記錄。其中尤以大宴之地點、衣著、儀禮、飲食、娛樂，與夫特有之習俗為然。故筆者據此，於大會中，提出「元代宮廷大宴考」之論文報告，不僅頗受大會所矚目，且亦間接說明，從史學觀點，以論元詩，不失為擴大蒙古學研究範疇、方向之一。

此次蒙古學國際學術討論會，所以能如此盛大，而又成功之因素有：一為內蒙古大學之蒙古學學院，具有優秀龐大之研究團隊。教授三十七人，副教授三十八人，講師三十五人。其中博士四十一人，碩士三十五人。既精通蒙文外語，復便於實地調查，與地下考古。以致其研究之成果，殊為豐碩。六年中，發表論文八百三十五篇，出版專著與教材一百二十八種。不僅深受世界各國蒙古學研究之學者所敬佩，且已成為世界蒙古學之研究中心，故能一經邀約，各地學者，無不欣然就道。

二為有關大會之主辦人士，自其校長、副校長、蒙古學學院院長、蒙古學研究中心主任等，均待人熱誠謙和，其中尤以其副校長為然。筆者曾三次與之同桌用餐，然他很少進食。時而與甲談，時而與乙聊。雖有女服務員在側，然仍殷殷親自為大家斟酒勸飲。以大陸一百所重點大學副校長之崇高地位，望重士林，竟如此紓尊降貴，以待來賓。自會遠近悅來，能廣邀世界各國之著名學者，參加此一盛大之學術學會。

由於筆者，蒙古學之研究，尚獲肯定，兼以年已八十有二，故頗受大會之禮遇與尊重。內蒙古自治政府副主席，約見大會代表六人，筆者為其中之一。大會合照時，復受邀至第一排就坐。晚會結束，又與其他代表登台，向該校藝術學院，表演之全體同學，握手致謝，並攝影留念。

同時，蒙古學學院名譽院長，蒙古學泰斗，曾派專人，贈送其巨著，使筆者獲益非淺。德國波昂大學，研究所教授，斐慕真博士，亦再三與筆者接觸，以謀深談。蒙古學研究中心主任，復譽之謂：「你的文學基礎深厚，我們正需要此種人才。」此外，大陸「中國民族報」、台灣「自由時報」，均有專訪之評論報導，分於九月二十四日、八月一十三日刊出。

凡此，雖屬兩岸學術之交流，在台同鄉活動之一端，然亦不無可供吾人深思之處！

（原載民國九十四年一月一日中原文獻三十七卷一期）

# Google 中
# 所登錄有關作者各項資料之總計

Google　袁冀 學術　搜尋　進階搜尋 | 使用偏好
搜尋：◉ 所有網頁 ○ 中文網頁 ○ 繁體中文網頁 ○ 台灣的網頁
所有網頁　△ 約有114,000項符合袁冀 學術的查詢結果，以下是第 1-10項。 共費0.02 秒。

Google　元史+袁冀　搜尋　進階搜尋 | 使用偏好
◉ 所有網頁 ○ 中文網頁 ○ 繁體中文網頁 ○ 台灣的網頁
所有網頁　△ 約有17,700項符合元史+袁冀的查詢結果，以下是第 1-10項。 共費0.08 秒。

Google　袁國藩　搜尋　進階搜尋 | 使用偏好
搜尋：◉ 所有網頁 ○ 中文網頁 ○ 繁體中文網頁 ○ 台灣的網頁
所有網頁　△ 約有512項符合袁國藩的查詢結果，以下是第 11-20項。 共費0.04 秒。

Google　袁國藩 博碩士論文　搜尋　進階搜尋
◉ 所有網頁 ○ 中文網頁 ○ 繁體中文網頁 ○ 台灣的網頁
網路工具　顯示選項...
△ 約有117項符合袁國藩 博碩士論文的查詢結果，以下是第 1-10項。 需時 0.07 秒。

所有網頁 圖片 影片 地圖 新聞 翻譯 Gmail 更多▼　網頁記錄 | 搜尋設定 | 登入

Google　袁冀 博碩士論文　搜尋　進階搜尋
◉ 所有網頁 ○ 中文網頁 ○ 繁體中文網頁 ○ 台灣的網頁
網路工具　顯示選項...
△ 約有4,450項符合袁冀 博碩士論文的查詢結果，以下是第 1-10項。 需時 0.06 秒。

註：此頁係由有關作者各項資料之總計，剪接而成。

# 袁　冀傳略

袁　冀，原名國藩，一九七三年，奉命更今名。一九二三年生，世居虞城縣舊縣城之東二街，東馬道，五處四合院中。城南十里之袁庄，則為族人聚居之地。祖父諱松嶺，深獲鄉黨鄰里敬愛，由昔日大門所懸之匾四幅，可以明證。因兄弟五人，故分居於五處宅院中。父諱茂昌，字瑞亭。善繪畫，工山水，復長於音樂。曾任縣立簡易師範，中小學美術音樂教師。王美、陳寶璋、蔡潤溪、李延朗、宋子芳等，均嘗從之受業。朱維清、陳次軒、盧濟若等，則為訂交之知友。母劉氏，諱大節，持家勤儉，故能積為小富。子女五人，一子在台，四女均已落戶，東北黑龍江省邊陲之地。母氏亦以高壽百歲，世逝於斯。

小學畢業，適逢抗日戰爭發。故初中、高中、大學，均在流亡中度過。復由於就讀之學校，不斷遷徙，以及升學之所需。故自開封，而豫東南之商城，豫西南之鎮平，內鄉之夏館，淅川之上集，內鄉之西峽口，而至四川之重慶。其間，顛沛流離之艱險，生活困苦之窘迫，僅從徒步奔波兩千餘里，即可概見。然得攬豫鄂川陝，山川之壯麗，誠屬萬幸！

一九四八年，因緣際會，奉派為本縣之縣中校長，時年僅二十五歲。以當時之情形，若要辦好學校，首要能聘請優秀之老師，以期確保教學品質之良好。次則須要尊重禮遇老師，使其甘於悉心教學，而心無旁騖。復因時局不靖，一定要按時發薪，以確保老師生活之安定，為達成此三項目標，首先赴商邱，選聘因戰亂，山東各地，移居至此之優秀老師。蓋故邑乃偏僻之小縣，待遇不豐，唯有陷入困境之他們，始肯屈就。次則決定不支領校長之薪資，移作尊崇老師各項開支之用。如學期結束，宴請全體老師、職員，以答謝其悉心教學之辛勞。平時，老師之公私集會，購買茶點，以為聯歡。生病不適，則買些雞、肉等補品，以為慰問。因家境尚稱寬裕，又在家鄉任職，並不需要此一收入，以維生計，故能有此決定。三則斯時法幣，業已崩潰。縣府員工，已改發食糧。縣中老師，每月小麥三百斤。然因欠糧者眾，縣府時有欠薪之情形。因此，為能按時發薪，遂向縣府請求，將縣南較富鄉鎮，一部份之稅糧，撥交縣中。由學校事務人員，及借調之縣警一人，自行徵收。並向欠稅之鄉親，愷切說明，此稅糧乃縣中老師之薪資。為使家鄉之子弟，能獲的良師之教育，不可拖欠。若不繳納，老師之生活，無以為繼，拂袖而去，將是對吾鄉子弟，最大之傷害。幸而，執行以來，尚能差強人意。

縣中學生，來台者約四十餘人。師生間，時相過從。其中范桂馨，留學美國，獲博士學位。李連生、王思虞、鄭培均，陳愛民，曹九連，升任上校軍官。李尚武，任公路局高雄站站長。王寶俊，任警界分駐所主管。周玉斌等，因從事建築而致富。他們來台之初，均甚年幼。小者僅十五六歲，大者亦不過十七八歲。赤手空拳，無任何憑藉，能有今日，誠屬難能可貴，令人讚佩。非艱苦奮鬥，安能至此！至於其他同學，亦各有工作，成家立業，均有良好之表現。

一九四九年，江南已朝不保夕，乃投效軍旅，隨軍來台。一九五一年，考入政戰學校研究班一期。畢業後，奉派編譯科科員。國防部辦理教官試教合格，遂改任戰鬥團教官。因該團成立伊始，毫無圖書設備。故一九五六年，請調空軍官校教官。蓋以其藏書甚豐，舉凡一九三六年以前，商務印書館、中華書局、開明書局，所出版之叢書、類書、方志，均曾加以典藏。

既任教官，當盡心教學，並力求能成為一位，授業解惑之優良教師。當時認為，為達到此一境界，首要廣泛蒐集，與教材有關之資料，以求其博。如此，既可增加教學之深度、廣度。而且，遇學生提出問題，亦可對答如流，不至手忙腳亂。其次，對於教材，及其有關之資料，要能熟記，不必手執教材，邊看邊講。因熟能生巧，熟方能使龐雜之資料，靈活運用，揮灑自如，拈手即來。亦唯有熟，始能敘事清楚，說理明白。提綱挈領，條理分明。設若生澀，忘東忘西，許多資料，因臨時慌張，亦不能為己所用。同時，因博而熟，授課時，雖不帶教材，亦可滔滔不絕。既不遺漏教材之內容，又有補助教材之增添，尤能獲得學生之信賴與尊敬。因有三分傻氣，故所有教材與相關資料，均能加以背誦。亦因此，三十年前之學生許巴萊，不唯已獲博士學位，且已腰纏萬貫，創業有成。仍記憶清新，並言：「上課從不帶教材，除增補之資料外，與教材一字不差。」一大一中國通史，每週兩小時，接觸有限，竟能使之印象，如此深刻，當由乎此。

一九五六年，年已三十有三，乃決心致力於學。然力學，首須確立努力之方向。幾經深思，以為自己，既非科技出身，故無力從事理工方面之研究。復因閱讀外文圖書之能力欠佳，兼以當時，既無力，亦無法購得新出版之外文圖書。因此，凡源自西方之學術與思想，如政治學、經濟學等，亦不宜作為選項之目標。最後，因圖書之易於取得，而閱讀寫作之能力，亦無問題，遂決定從事史學之研究。然通史，範圍太廣。斷代史中之先秦史、秦漢史、唐史、宋史等，名家輩出。故選擇少有人研究之元史，作為一生努力之目標。

方向既定，遂檢閱空軍官校、陸軍官校、高雄市圖書館，有關元史之所有藏書，以備日後研究之用。而李文田所注之元朝秘史，馮承鈞所譯註之馬可波羅行紀，張穆之蒙古游牧記，尤大有助於元史研究目錄學之瞭解。

為鞭策自己之努力，故當時將奔赴之目標，訂得頗高。希望有朝一日，自己能成為深具建樹，頗有貢獻，地區性之著名學者。此舉雖屬狂妄，然由於法乎其上，得乎其中，故不得不將目標，力求其高。期能激勵奮起之勇氣、力行之決心。使來日，能近似而及之。

自長女出生，以至幼子六歲入學，十五年間，改採夜讀。每天自晚上七時，至凌晨二時乃止。幼子既已就學，為增加家庭之收入，妻遂至中學任教。由於兼任導師，早出晚歸。若仍委以家務，豈能荷負！所幸，斯時已升任副教授，課程不多，又無須上班，故接手全部家事。操持家務，雖不重，然繁瑣費時，加以又要騎自行車上課。故日間仍無法讀書，不得已，又夜讀十五年。三十年之苦讀，因有目標，故能不以為苦。因有收穫，故能引以為榮。欣然為之，甘之如飴。然長期睡眠不足，又何以為繼。故每天盡量設法，補睡兩小時。由於斯時年輕，又加疲乏。一經躺下，即能很快入睡，且睡得深沉。子女雖吵，亦影響不大。

經多年之努力，閱讀之範圍，日益廣。研究之領域，亦日益寬。故能於大陸雜誌、東方雜誌、國立編譯館館刊、中華文化復興月刊、中國邊政、中國內政、反攻月刊，中華婦女，發表有關元史之論文九十三篇。商務印書館、聯經出版事業公司、新文豐出版事業公司，文史哲出版社、大眾出版社、出版元許魯齋評述，元太傅藏春散人劉秉忠評述，蒙古戰史，元史探微，元史研究論集，元史論叢，元吳草廬評傳，程雪樓評傳，元代蒙古文化論集，元代蒙古文化論叢、補文淵閣四庫全書之元人別集十一種。且自一九六八年，至一九七四年，曾連續七年，均獲國家科學會之獎助，以從事元史之研究。在當時，除少數之名家外，能連續申請七次，均能獲得國家科學會之批准者，並不多見。此外，兩岸學者，如姚從吾院士、蕭啟慶院士，侯家駒教授、洪萬生教授、葉鴻灑教授、大陸白壽彝教授、王子今教授、羅賢佑教授、陳智超教授、徐吉軍教授、朱鴻林教授、劉紅博士、劉曉博士、姬沈育博士等，均曾參考其著作。且門人弟子中，陳盛文、孔學敏、任渝生等升任中將。邢有光、許巴萊、徐光明等，則為獲得國內外博士學位之學人。此外，大陸社會科學院羅賢佑研究員，在其大著「二十世紀中國蒙古學研述略」謂：「袁國藩，哈勘楚倫，孫克寬，黎東方等，台灣學者，都發表過蒙古史的學術論文，具有一定影響。」大陸學者亦言：「錢穆，袁冀，唐宇元，胡青……，無疑，欲知吳澄生平，及學術思想，不能不仔細研究，以上四種著作。」

二〇〇四年之八月十五日，應邀至呼和浩特市之內蒙古大學，參加為期四天之第四次蒙古學，國際學術討論會。與會之中外學者，兩百餘位。分別來自日本、韓國、外蒙古、俄國、烏克蘭、芬蘭、波蘭、土耳其、匈牙利、德國、英國等十三個國家。大會分蒙古語文、蒙古文學、蒙古歷史、與綜合四組討論，並發表論文兩百餘篇。

元代宮廷大宴之情形，資料頗為缺乏。然元人文翰之吟詠中，卻保有殊多珍貴之記錄。其中尤以大宴之地點、衣著、儀禮、飲食、娛樂，與夫特有之習俗為然。故據此，於大會中，提出「元代宮廷大宴考」之論文報告，不僅頗受大會所矚目，亦間接說明，從史學觀點，以論元詩，不失為擴大蒙古學研究範疇，方向之一。

由於蒙古學之研究，深獲肯定，兼以年已八十有二，故頗受大會之禮遇與尊重。內蒙古自治區政府副主席，約見大會代表六人，即為其中之一。大會合照時，復受邀至第一排就坐。晚會結束，又與其他代表登台，向該校藝術學院，表演之全體同學，握手致謝，並攝影留念。

同時，蒙古學院名譽院長，蒙古學泰斗，曾派專人，贈送其簽名巨著，使之獲益匪淺。波昂大學研究所教授斐慕真博士，亦再三與之接觸，以謀深談。大陸教育部人文社會科學重點研究基地，內蒙古大學，蒙古學研究中心，教授兼主任，齊木德道爾吉博士，復譽之謂：「您文學基礎深厚，我們正需要此種人才。」此外，大陸「中國民族報」，台灣「自由時報」，均有專訪之評論報導，分於九月二十四日，八月二十三日刊出。二○○五年春，更承齊木德道爾吉博士讚之謂：「元代宮廷大宴考，非常具有特色，對我們的研究，有很大的幫助。」孟夏又言：「將預留篇幅，以待大作。」博士為蒙古學國際馳名之學者，承蒙如此評論，深感榮幸之至。

今蒙古史研究第八輯，業於當年之六月，由中國蒙古史學會主編，蒙古學研究中心支助，內蒙古大學出版社出版。十六開本，計載中外學人之論文二十九篇，凡四百二十頁。且拙作「元代官廷大宴考」，為去歲八月十五日，內蒙古大學、第四次蒙古學、國際學術討論會，所提報之兩百餘篇論文中，幸蒙全文刊出者。

治學，當然會遭遇諸多困難，三十餘年前，曾研究元代兩京間之交通。並據元詩，撰成「元代兩京間驛道之考釋」，載於一九六四年一月之政治學術季刊。復據秋澗大全集之「中堂記事」，完成「元王惲驛赴上都行程紀要」，刊於一九六七年六月之大陸雜誌。且此二文，曾為內蒙古大學，蒙古學研究中心，所主編之「元上都研究文集」，加以轉載。雖擬據「扈從集」，再撰「元代兩京間之輦道考釋」，然輦道所經之若干地名，如黑石頭、頡家營、鄭谷店、泥河兒、雙廟兒、平陀兒諸地，雖遍閱大明一統志、讀史方輿紀要、古今圖書集成、嘉慶重修大清一統志、畿輔通志、察哈爾通志、口北三廳志、蒙古遊牧記、宣化府志、宣化縣志、赤城縣志、懷來縣志、龍門縣志、北征錄等，均不得其解。一九九一年，曾思趁赴大陸探親之便，加以實地考查。然因地處偏僻，交通、衛生、安全，均不無可慮，兼以年近七十，終未能成行。以致此文，三十餘年，無法完成。所以，治學，殊非易事。雖一生力學，仍有諸多力猶未逮之處。

一九五五年，在台結婚。妻趙肅莊，大學畢業，曾任記者，長於散文小品，為東北名宿之長女。風行全國之「塞上風雲」，即以乃父之事功，所拍之電影。婚後家居，撫育子女。待幼子讀小學，復出任中學國文教師。因學養頗佳，復熱心教學，故學生甚為愛戴。至今仍有學生，時時與之聯絡。退休後，習畫十餘年，成績斐然。同學同事親友、輒衷心讚譽，戲呼為「才女」。

育有四女一子，四女均大學畢業，皆有頗佳之歸宿。長婿企管學士，家中富有土地，現任台灣著名工程公司經理。次婿美國電機碩士，現任美國國際著名半導體公司副總裁。三婿化學學士，企管碩士，現任德國化學公司，東北亞與中國地區總經理。四婿建築學士，家中富有，十餘年前，已投資移民加拿大。幼子宏道，美國電機碩士，台灣金經碩士，五年前，曾任美國電子公司，中國地區總經理，現任澳洲著名電子公司，台灣與中國地區總監。媳曾麗美，靜宜大學外文系畢業，曾任新竹市光復中學，高中部英文教師。孫女欣隅、祥齡，孫偉翔，分別就讀於高中、國中、小學，均聰慧活潑可愛。

一生雖飄泊四方，艱辛倍嘗。然任教，則為大學教授，比敘高級簡任文官。治學，則著作甚豐，為著名元史專家。加以耄年身體健康，生活寬裕。子女卓然成材，均屬高職位，高薪資之人員。故晚年，心情愉悅，老景堪慰。語云：「天道酬勤」，又謂：「勤能補拙」，誠其一生之寫照。